*Paixão e pureza* não poderia
ser mais oportuno, mais certeiro.
— Ruth Bell Graham


Definitivamente, este livro também é para homens.
— Billy Graham

Arcos-íris são feitos de luz do sol e chuva.
A luz solar que transformou meu mundo em uma profusão de cores foi saber do amor de Jim Elliot por mim. A chuva foi outra realidade que ele me explicou quando nos sentamos na grama, perto da Lagoa — que Deus o estava chamando para permanecer solteiro.
Talvez pelo resto da vida, talvez apenas até ele conhecer pessoalmente a selva na qual trabalharia como missionário. Missionários mais velhos lhe haviam dito que homens solteiros eram necessários para fazer o trabalho que os casados jamais poderiam executar.
Havia algumas regiões aonde as mulheres não podiam ir. Jim acatou a palavra deles e se comprometeu a continuar solteiro pelo tempo que a vontade de Deus assim exigisse.

— Elisabeth Elliot

# Elisabeth Elliot

## Paixão & Pureza

Aprendendo a deixar sua vida amorosa sob o controle de Cristo

E46p  Elliot, Elisabeth
Paixão e pureza : aprendendo a deixar sua vida amorosa sob o controle de Cristo / Elizabeth Elliot ; [tradução: Vinicius Silva Pimentel]. – São José dos Campos: Fiel, 2021.

Tradução de: Passion and purity : learning to bring your love life under Christ's control.
Inclui referências bibliográficas.
ISBN: 9786557230657 (brochura)
9786557230640 (epub)

1. Elliot, Elisabeth. 2. Sexo – Aspectos religiosos – Cristianismo. 3. Vida cristã. I. Título.

CDD: 241.66

Catalogação na publicação: Mariana C. de Melo Pedrosa – CRB07/6477

**Paixão e Pureza:**
**Aprendendo a deixar sua vida amorosa sob o controle de Cristo**

Traduzido do original em inglês:
*Passion and Purity:*
*Learning to Bring Your Love Life Under Christ's Control*

Copyright © 1984, 2002 Elisabeth Elliot

■

Publicado originalmente por Revell uma divisão do Baker Publishing Group
6030 East Fulton Road
Ada, MI 49301

Para mais informações sobre a autora, seu legado, trabalho e livros, por favor visite: www.elisabethelliot.org.

Copyright © 2020 Editora Fiel
Primeira edição em português: 2021

Todos os direitos em língua portuguesa reservados por Editora Fiel da Missão Evangélica Literária

Proibida a reprodução deste livro por quaisquer meios sem a permissão escrita dos editores, salvo em breves citações, com indicação da fonte.

■

Diretor: Tiago Santos
Editor-chefe: Vinicius Musselman
Editora: Renata do Espírito Santo
Coordenação Editorial: Gisele Lemes
Tradução: Vinicius Silva Pimentel
Revisão: Shirley Lima
Diagramação: Rubner Durais
Capa: Rubner Durais
ISBN impresso: 9786557230657
ISBN eBook: 9786557230640

**FIEL Editora**

Caixa Postal 1601
CEP: 12230-971
São José dos Campos, SP
PABX: (12) 3919-9999
www.editorafiel.com.br

# Sumário

Prefácio..................................................................7
Introdução............................................................15
1 | Eu, Senhor? Solteira?.....................................17
2 | A vida que devo a ti.......................................23
3 | A paixão é um campo de batalha.................29
4 | Afeições desordenadas...................................35
5 | Deus quer tudo?............................................43
6 | O raciocínio da serpente...............................49
7 | O primeiro encontro.....................................53
8 | Amor infalível................................................57
9 | A revelação....................................................61
10 | Deus presta atenção?..................................67
11 | Dores jorrando............................................71
12 | Modo de espera...........................................75
13 | Material para sacrifício...............................81
14 | Honra acima da paixão...............................85
15 | Pequenas mortes..........................................89
16 | Morte que produz vida................................93
17 | O que fazer com a solidão..........................99
18 | O que a Providência foi lá e fez................105
19 | O rebelde suspirar.....................................111
20 | Autoengano...............................................117

21 | O que as mulheres fazem aos homens ................................125
22 | O que os homens procuram? ............................................133
23 | A bagunça que fizemos ......................................................139
24 | Suor ardente e pés encharcados .......................................145
25 | Ninguém conhece a tribulação .........................................151
26 | Enfim, uma carta ...............................................................155
27 | Apetites aguçados ..............................................................163
28 | Quanta coisa um beijo pode revelar? ...............................167
29 | Eles não se abstêm de nada ...............................................171
30 | Um "pequeno" pecado ......................................................177
31 | Uma gruta e uma fogueira de toras .................................181
32 | Como dizer não? ...............................................................185
33 | Quatro pernas nuas ...........................................................191
34 | Sua sublime manutenção .................................................197
35 | Impaciência .......................................................................201
36 | Eu a tenho ainda intocada ................................................205
37 | Que Deus cumpra seu trato .............................................209
38 | Deus concedeu e Deus recusou ........................................215
39 | Confusas engrenagens e roldanas ....................................221
40 | Cartas de amor ..................................................................227
41 | Este é o nosso Deus, em quem esperávamos ..................233
42 | Do amor à caridade ..........................................................239
43 | Um novo ato criador ........................................................249

# Prefácio

Na minha época, nós os chamaríamos de casos amorosos ou romances. Hoje em dia, são chamados de relacionamentos. A palavra *amor* passa por maus momentos. Para muita gente, esse termo significa nada mais nada menos do que ir para a cama com alguém, não interessando o sexo ao qual o outro pertença. Adesivos substituem a palavra pela imagem de um coração vermelho e empregam *amor* praticamente a qualquer coisa, pessoa ou lugar. Em alguns cultos cristãos, pede-se às pessoas que se virem, olhem para o indivíduo ao lado, mesmo que seja um completo estranho, e digam com um sorriso largo e sem o mínimo traço de rubor: "Deus te ama e eu também", provando isso com um abraço bem apertado. Aparentemente, isso faz com que algumas pessoas se sintam bem. Talvez até mesmo as convença de que estariam obedecendo ao mais poderoso e severo mandamento já imposto aos seres humanos: amem-se uns aos outros *como Cristo os amou*. Não causa admiração que as pessoas estejam em busca de alguma outra palavra para descrever o que sentem por um indivíduo do sexo oposto. É novo. É ótimo. É ótimo mesmo. É especial.

"O que é especial?", indago algumas vezes.

"Bem... Você sabe, tipo, esse relacionamento."

"Que relacionamento, exatamente?"

"Bem, não sei, mas você sabe, é tipo, quero dizer, é simplesmente ótimo mesmo."

Recentemente, uma professora me escreveu sobre uma "amizade crescente" com um homem que costumava lhe dar carona para o trabalho. Ele se mudara para um estado distante, e ela estava se sentindo muito solitária e insegura em relação ao futuro. Ela não estava certa sobre o que o relacionamento de ambos havia sido, o que era naquele momento ou o que poderia vir a ser, mas, ao deparar com algumas passagens que escrevi relativas a questões do coração, quis saber mais a respeito.

"Gostaria de compreender um pouco mais seus pensamentos, se me permite. Quais eram seus sentimentos? O que se passava em sua mente? Suas emoções e seu pensamento costumavam entrar em conflito? Se for possível reservar alguns minutos e me responder, agarrarei quaisquer palavras de sabedoria que você tiver."

É claro que destinei alguns minutos a isso. As cartas continuam chegando, bombardeando-me com perguntas similares, o que sugere que a experiência de alguém de outra geração ainda pode servir de orientação. Aqui estão alguns fragmentos de outras cartas:

"Escrevo-lhe como uma mulher ainda jovem que está tentando descobrir, tão honestamente quanto possível, como ser obediente a Deus, ter sabedoria e discernimento, agradar-lhe, ser-lhe fiel e esperar nele. Minha caminhada com Cristo é bastante solitária. Não sei como é contar com a liderança espiritual de uma mulher mais velha que eu. Sei que, em relação a determinadas coisas, esperava-se que as mulheres mais velhas instruíssem as mais novas. Sei que você é uma serva, e espero que possa responder."

"Como uma mulher deve comportar-se quando o homem não cumpre seu papel?"

"Como saber se essa é a mulher certa para mim?"

"Quão longe podemos ir sem que já tenhamos um compromisso de casamento? E quão longe se já o tivermos?"

"Qual é nosso papel na qualidade de mulheres solteiras — basta ficar à toa, esperando?"

"Você parece muito forte e inabalável em sua fé. Repetidas vezes, digo a Deus que não consigo mais passar por isso. Desisti. Digo-lhe isso e fico furiosa. Você nunca fraqueja e sente que não consegue seguir adiante? Nunca passou por situações em que quis desistir?"

"Você lutou com o desejo de estar com Jim durante todos os anos em que estiveram separados?"

"Você sentiu dificuldade para permanecer solteira, uma vez que seu coração ansiava por Jim?"

"Se Tom não tivesse entrado em minha vida, todos os meus pensamentos estariam focados no Senhor. Não haveria conflito. Isso me incomoda demais — sinto-me solitária e choro com facilidade, quase como se meu coração estivesse se partindo. Isso faz parte do plano de Deus?"

"*Como* você lidou com a impaciência de querer estar com o homem a quem amava?"

Respondo a todas as cartas que chegam. Pego-me tentando expressar em palavras, repetidas vezes, as lições resultantes de minha própria experiência. Já estive na mesma posição em que esses homens e mulheres se encontram. Sei exatamente o que querem dizer. Temo que, com frequência, minhas respostas pareçam fragmentadas e ásperas. "Ah, ela é dogmática demais! Não é solidária. É do tipo durona; nunca esteve angustiada como eu. E que maneira de sair distribuindo conselhos! Faça isso, não faça aquilo, confie em Deus, ponto-final. Não suporto esse tipo de coisa." Ouço as objeções que recebo. Algumas vezes, também aquelas que não recebo. Nas cantinas de faculdade, após dar alguma palestra. Nas livrarias, onde folheiam minhas obras sem saber que a autora está sentada bem ali ao lado, com os dois ouvidos bem atentos.

Pensei que, se colocasse essas coisas em um livro, não pareceriam tão fragmentadas e ásperas, como, inevitavelmente, ocorre numa carta de uma só página. Talvez eu deva contar o suficiente de minha própria história como prova de que já passei pelo que, agora, eles passam. Serei capaz de contá-la sem ser melosa? Sem parecer estar muito distante de pessoas cujo vocabulário é tão diferente, mas cujos clamores ecoam nitidamente os meus? Espero que sim. Mas, para fazer isso, preciso correr o risco de uma exposição indecorosa. Devo incluir meus próprios clamores e alguns dos de Jim, minhas próprias fraquezas, minhas hesitações — não tudo, de forma alguma (se você soubesse quanta coisa deixei de fora!), mas apenas algumas amostras.

Foi assim que o livro evoluiu. Cito cartas que foram escritas para mim nos últimos cinco ou dez anos. Meus próprios

## Prefácio

diários de trinta a trinta e cinco anos atrás. Cartas de Jim Elliot. Declarações acerca dos princípios aplicáveis.

O contexto do livro é a história de cinco anos e meio amando um homem, Jim, e aprendendo as disciplinas da saudade, da solidão, da incerteza, da esperança, da confiança e do compromisso incondicional com Cristo — compromisso que exigia pureza de nossa parte, independentemente do tamanho da paixão que sentíamos um pelo outro.

Este, para ser franca, é um livro sobre virgindade. É possível amar apaixonadamente sem ir para a cama. Eu sei disso. Nós agimos assim.

Será, então, que não tenho nada a dizer a quem já foi para a cama? Eu precisaria ter a cabeça enfiada na areia para imaginar que minhas leitoras solteiras são todas virgens. Aquelas que perderam a virgindade também me escrevem — algumas, inclusive, em desespero, acreditando que foram eternamente banidas da pureza. Escrevo-lhes para dizer que não existe pureza alguma, em nenhuma de nós, à parte do sangue de Jesus. Todas nós, sem exceção, somos pecadoras e pecamos — algumas de uma forma; outras, de outra. Se eu puder ajudar algumas a evitarem o pecado, quero fazê-lo. Se eu puder mostrar a algumas pessoas que a mensagem do evangelho possibilita um novo nascimento, um novo começo e uma nova criação, quero fazê-lo.

A vida amorosa de um cristão é um campo de batalha crítico. Precisamente ali se determinará quem é o Senhor: o mundo, o próprio eu e o diabo, ou Cristo, o Senhor.

Essa é a razão para eu correr o risco. Minha própria história de amor pode ser mais ou menos interessante para algumas pessoas; as cartas do tipo "coluna sentimental" e minhas respostas podem ser divertidas; porém, minha principal preocupação é que as leitoras considerem a autoridade de Cristo sobre as paixões humanas e ponham a pureza em seus corações.

Na providência de Deus, recebi três oportunidades para refletir acerca dos princípios que aqui descrevo e para tentar pô-los em prática. Casei-me três vezes: com Jim Elliot, morto por indígenas na selva equatoriana; com Addison Leitch, morto pelo câncer; e com Lars Gren, que passa bem no momento em que escrevo estas palavras. Meu relacionamento com Lars já dura quase seis anos, mais do que duraram meus relacionamentos com Jim ou Add; por isso, ele diz que está na "dianteira". Espero que ele me ultrapasse!

Não contarei as histórias dos três. O segmento de Jim Elliot deve ser suficiente como pano de fundo para o que desejo dizer. Aqui está uma cronologia desse segmento:

1947 — Ambos éramos estudantes no Wheaton College, Illinois. Ele visita nossa casa, em Nova Jersey, no Natal.
1948 — Jim confessa seu amor por mim pouco antes de eu me formar.
Verão: Eu em Oklahoma; ele viajando com um grupo de evangelismo. Não trocamos correspondências.
Outono: Decisão dele de começar a escrever para mim quando eu fosse para a escola bíblica no Canadá.
1949 — Jim se forma e volta para casa, em Portland, Oregon. Eu trabalho em Alberta, depois visito a casa dele.

# Prefácio

1950 — Jim em casa, trabalhando, estudando e preparando-se para o trabalho missionário. Eu na Flórida. Passamos dois dias em Wheaton por ocasião do casamento de meu irmão, Dave Howard.

1951 — Voltamos a nos encontrar quando Jim vem para o leste, a fim de palestrar em reuniões missionárias em Nova York e Nova Jersey.

1952 — Fevereiro: Jim embarca para o Equador. Abril: Eu embarco para o Equador. Passamos vários meses em Quito, morando com famílias equatorianas, para aprender espanhol por "imersão".
Agosto: Jim se muda para Shandia, na selva oriental, para trabalhar com os indígenas da tribo Quíchua.
Setembro: Eu me mudo para San Miguel, na selva ocidental, para trabalhar com os indígenas da tribo Colorado.

1953 — Janeiro: Voltamos a nos encontrar em Quito, e Jim me pede em casamento. Noivado anunciado.
Junho: Mudo-me para Dos Rios, na selva oriental, para iniciar o estudo de Quíchua, cumprindo a condição de seu pedido: "Não vou me casar com você enquanto você não aprender essa língua".
8 de outubro: Casamos em Quito.

1955 — Nasce Valerie, nossa filha.

1956 — 8 de janeiro: Jim é morto pelas lanças dos Auca.

(Para a história completa, leia *Com devoção* e *Através dos Portais do Esplendor*.)

# Introdução

Na pilha de correspondências que aguardava meu retorno para casa, havia um bilhete dizendo que Lars Gren telefonara e gostaria que eu retornasse à ligação.

Veja, Lars é um de meus amigos mais queridos, casado com outra amiga querida: Elisabeth Elliot. Então, eu telefonei. Elisabeth atendeu, surpresa por Lars ter ligado para mim, sem saber do que se tratava.

"Você está trabalhando em outro livro?", perguntei a Elisabeth. Ela respondeu que acabara de terminar um, *Paixão e pureza*.

Achei que essa notícia não poderia ser mais oportuna, mais certeira, e disse-lhe que já estava ansiosa para lê-lo.

Quando Lars ligou de volta — e eu sorri ao saber que ele o fizera sem dizer nada a Elisabeth —, indagou se eu estaria disposta a ler o manuscrito, acrescentando que entenderia se eu estivesse muito ocupada. Quando você está tão interessada em um assunto, sente-se privilegiada em receber uma prévia; e foi o que eu disse a Lars.

Hoje, o manuscrito chegou, e eu me sentei para dar uma olhada.

Ele prendeu minha atenção desde o princípio. Não era o que eu esperava. É claro, eu sabia que qualquer livro escrito por Elisabeth seria bem-escrito e mereceria ser lido, mas este é um livro sobre como colocar sua vida amorosa sob a autoridade e o senhorio de Jesus Cristo. Elisabeth o tornou calorosamente pessoal, ilustrando esse tema com memórias, diários e velhas cartas de amor para Jim Elliot. Ela escreve de uma forma ao mesmo tempo pungente e comedida. Entremeadas ao longo do livro, encontram-se ricas e certeiras palavras da Bíblia, belos hinos antigos, citações de autores favoritos — todos apropriados, por satisfazerem uma necessidade vívida. Não o larguei até concluir a leitura.

Pensei na confusão dos jovens de hoje (e também dos mais velhos), sejam cristãos ou não cristãos, e desejei que todos pudessem partilhar da história de amor de Elisabeth e Jim Elliot — uma trajetória bem-sucedida (embora breve), pelo fato de eles haverem seguido expressamente as instruções divinas. Alguém disse que "a melhor maneira de provar que algo está torto é compará-lo a algo reto".

Assim, em meio ao pensamento demasiadamente sinuoso dos dias de hoje, Elisabeth Elliot Gren propõe pensamentos retos. E, portanto, lindamente inesquecíveis.

— Ruth Bell Graham

# Eu, Senhor? Solteira?

## 1

Não havia muito a ser visto da janela. A principal atração eram as latas de lixo atrás do refeitório. As janelas fechadas não evitavam nem o enorme barulho da coleta de lixo matinal nem o aroma fétido da comida do dia. No entanto, eu me sentia radiante por ter aquele pequeno quarto. Era um dormitório só para mim — o que eu desejava havia algum tempo e finalmente, quando estava no último ano da faculdade, consegui. Ali, havia uma cama, uma cômoda, uma estante e, no canto da janela, uma escrivaninha com uma cadeira de espaldar reto e um abajur. Um lugar de solidão e silêncio, um "aposento" do tipo em que, segundo Jesus, deveríamos entrar para orar.

Eu estudava e fazia algumas de minhas orações na escrivaninha. Havia árvores de bordo e um velho olmo por trás das latas de lixo e, com bastante frequência, eu me distraía com a multidão (o bando? O enxame?) de esquilos que lá viviam. Eu ficava observando sua preparação para o inverno, correndo para cima e para baixo, transportando freneticamente provisões, renhindo, tagarelando, sacudindo o rabo. Via as folhas de bordo mudarem de cor e caírem, testemunhava a chuva grudá-las na calçada escura. Via a neve cair sobre aquelas árvores e latas.

Para mim, não é nem um pouco difícil ver-me de volta na cadeira daquela escrivaninha. Agora, ao me sentar a uma escrivaninha diferente e ler as cartas de jovens perplexas, volto a ser aquela garota que ficava contemplando a neve. O que eu vestia não era muito diferente do que elas vestem agora — a moda facilmente se repete a cada ciclo de trinta e cinco anos. Eu tinha duas saias, três suéteres e algumas blusas, e fazia o possível para misturá-los e combiná-los para parecer que eu estava usando roupas diferentes. Nas quartas-feiras, isso era fácil. Na turma do último ano, todos usavam o mesmo blazer de lã azul com um emblema da faculdade costurado no bolso do peito.

Meu cabelo me dava um trabalho terrível. Era louro, sem ondulação, e crescia cerca de três centímetros por mês. Como teria sido fácil deixá-lo longo e liso! Isso, porém, era impensável naquela época. Meus cachos eram todos *artificialmente produzidos*. *Eu conseguia pagar apenas um tratamento permanente por ano*. No intervalo, eu dependia do antigo sistema de bobes, enrolando mechas de cabelo em volta do meu dedo todas as noites, antes de ir para a cama, e prendendo-as com grampos de cabelo.

Se não havia muito que eu pudesse fazer com meu cabelo, menos ainda com meu rosto. Como a maioria das garotas, eu gostaria de ser bonita, mas parecia inútil tentar mexer demais no que me fora dado, exceto por um cauteloso toque de batom claro (algo chamado Tangee, que custava dez centavos) e um pouco de pó no nariz.

## *Eu, Senhor? Solteira?*

Naquele ano, talvez mais do que nunca, eu precisava daquele quarto minúsculo e aconchegante. Algumas questões que definiriam o curso da minha vida precisavam ser resolvidas. No verão anterior, eu havia cessado de orar para saber se deveria ou não ser missionária. Sim, eu deveria. Depois do que meus amigos entre os Irmãos de Plymouth chamavam de exercício — as pessoas agora chamariam de luta —, isso finalmente ficou claro. A luta não tinha a ver com alguma indisposição para cruzar um oceano ou viver sob um telhado de palha, mas com saber se aquilo era ideia minha ou de Deus e se eu deveria ser cirurgiã (eu amava dissecar coisas) ou linguista. Cheguei à conclusão de que o chamado vinha de Deus, e era um chamado para a linguística. Busquei a certeza do Senhor e a obtive, então estava tudo resolvido.

Mas havia outro assunto a tratar que não estava nem um pouco encerrado. *Era aquele para o qual Deus sabia que eu precisaria de um "aposento".* Tratava-se de ficar sozinha — pelo resto da minha vida. Eu dizia: "Eu, Senhor? Solteira?". O assunto parecia intrometer-se entre mim e meus livros de grego, quando eu me sentava à escrivaninha, ou entre mim e minha Bíblia, quando eu tentava ouvir Deus falar. Era um obstáculo às minhas orações e um motivo de sonhos recorrentes.

Com frequência, eu falava a esse respeito com Deus. Não me lembro de tê-lo mencionado a ninguém por muitos meses. As duas moças que dividiam o apartamento do qual meu quarto fazia parte não eram exatamente do tipo popular, pessoas de quem eu pudesse sentir inveja. Eram moças tranquilas e sensatas, alguns anos mais velhas que eu — uma estudante de música que passava a maior parte do tempo praticando órgão no conservatório; outra, uma ex-WAVE (o braço feminino da Marinha) que era especialista em tricotar meias. Ambas, na verdade, produziam incontáveis pares de meias e luvas, e os despachavam pelo correio para algum lugar. "Você fica meio perdida ao segurar uma agulha, não é?", sugeriu-me Jean um dia. Comparada com aquelas duas, sim, eu ficava.

Depois da faculdade, Jean se casou. Bárbara ainda está solteira. Não me lembro de ter com elas qualquer conversa sobre amor e casamento (embora talvez tenhamos conversado, sim, em alguma ocasião), mas estou perfeitamente certa de que, para nós três, ser solteira significava uma coisa: virgindade. Se você fosse solteira, não teria ido para a cama com homem nenhum. Se fosse ficar permanentemente solteira, nunca iria para a cama com homem nenhum.

Isso foi há muitos anos, claro. Porém, mesmo naquela época, qualquer pessoa que acreditasse seriamente nisso e agisse de acordo com essa diretriz seria vista por muita gente como excêntrica. Talvez estivéssemos em minoria. Não tenho como estar certa disso. Sem dúvida, a maioria *professava* crer que o melhor seria restringir a atividade sexual aos cônjuges, independentemente de suas vidas privadas demonstrarem ou não essa convicção. Agora, porém, no início do século XXI, os tempos mudaram — dizem eles. Por milhares de anos, a sociedade dependeu de alguma aparência de ordem em matéria de sexo. Um homem tomava uma esposa (ou esposas) de alguma forma regularmente prescrita e vivia com ela (ou com elas) segundo regras reconhecidas. Somente para seu próprio risco, ele "mexeria" com a mulher de outro homem. Uma mulher sabia que possuía um tesouro inestimável: sua virgindade. Ela a guardava com zelo para o homem que estivesse disposto a pagar um preço por isso — o compromisso de se casar com ela, e com ela somente. Mesmo em sociedades em que a poligamia era permitida, havia regras que governavam as responsabilidades entre os cônjuges, regras das quais dependia toda a estabilidade da sociedade.

De alguma forma, tivemos a ideia de que estamos autorizados a esquecer todos os regulamentos e sair impunes. Os tempos mudaram, costumamos dizer. Finalmente, estamos "liberadas" de nossas inibições. Agora, temos Sexo e a Garota Solteira.[1] Temos liberdade. Podemos, de fato, "ter tudo isso sem estarmos amarrados".[2] Se quiserem, as mulheres podem ir à caça, assim como os homens. Os homens não são homens a menos que provem sua masculinidade seduzindo o maior número possível de mulheres — ou de homens, pois agora podemos escolher segundo a "preferência sexual". Podemos ir para a cama com pessoas do sexo oposto ou do mesmo sexo que nós. Isso não importa. Uma mera questão de gosto, e todos nós temos "direito" aos nossos gostos. Todos são iguais. Todos são livres. Ninguém mais está preso nem precisa negar nada a si mesmo. Na verdade, ninguém *deve* negar a si mesmo algo que deseje ardentemente — é perigoso fazê-lo. Não é saudável. É doentio. Se isso o faz sentir-se bem e, mesmo assim, você não o faz, é paranoico. Se não o faz sentir-se bem, mas, ainda assim, você o faz, é masoquista.

---

1 N.T.: Referência ao filme *Sex and the Single Girl*, de 1964, lançado no Brasil como *Médica, bonita e solteira*.
2 N.T.: Verso da canção *With a Little Bit of Luck*, de Stanley Holloway.

O motivo pelo qual minhas colegas de quarto e eu acreditávamos que ser *solteira* era sinônimo de *virgindade* não era o fato de sermos estudantes universitárias naquela época — uma época em que todo mundo acreditava nisso. Não era por sermos ignorantes. Não era por sermos ingênuas demais para ouvir que as pessoas têm cometido adultério e fornicação há milênios. Não era porque ainda não havíamos sido liberadas ou porque éramos completas idiotas. A razão para isso era o fato de sermos cristãs. Nós valorizávamos a santidade do sexo.

Eu me sentava àquela escrivaninha perto da janela e ficava refletindo, constante e intensamente, acerca do casamento. Eu sabia o tipo de homem que queria. Teria de ser um homem que valorizasse a virgindade — a sua própria, assim como a minha — tanto quanto eu.

O que as mulheres de hoje querem? O que os homens querem? Quero dizer, bem lá no fundo. O que eles realmente querem? Se os "tempos" mudaram, as aspirações humanas também mudaram? E o que dizer dos princípios? Os princípios cristãos mudaram?

Eu digo não às últimas três perguntas, um enfático não. Estou convencida de que o coração humano anseia por constância. Ao renunciarmos à santidade do sexo em troca de "dar uns amassos" e "transar" de uma forma casual e indiscriminada, renunciamos a algo sem o que não podemos viver bem. Há monotonia, enfado e tédio absolutos na vida como um todo quando a virgindade e a pureza não são mais protegidas nem valorizadas. Ao tentarmos agarrar satisfação em todos os lugares, não a encontramos em lugar algum.

## A vida que devo a ti

2

Um jovem pregador britânico chamado Stephen Olford ministrou na capela de nossa faculdade por uma semana. Duas coisas que ele disse permaneceram comigo. Ele citou o Cântico dos Cânticos de Salomão: "Conjuro-vos, ó filhas de Jerusalém, que não acordeis, nem desperteis o amor, até que este o queira" (Ct 8.4). Ele interpretou isso como se ninguém, homem ou mulher, devesse ficar agitado quanto à escolha de um companheiro, mas, sim, permanecer "adormecido" na vontade de Deus, por assim dizer, até que aprouvesse ao Senhor "acordá-lo". A outra coisa que ele nos exortou a fazer foi que mantivéssemos um diário espiritual. Decidi seguir ambos os conselhos.

Comprei um pequeno caderno marrom de folhas destacáveis, quase do mesmo tamanho da minha pequena Bíblia com capa de couro marrom, que meus pais me deram no Natal de 1940. Eu os mantinha juntos durante todo o tempo. Na folha de rosto do caderno, anotei as palavras gregas que significam: "Para mim, o viver é Cristo" (Fp 1.21). Na primeira página, transcrevi uma estrofe do hino de Annie R. Cousin, baseado nas palavras de Samuel Rutherford:

> Oh! Cristo é doce fonte,
> manancial de amor!
> Provei águas terrenas,
> ele é superior:
> No céu, há profundeza
> de mercê sem igual,
> e glória habita a terra
> do nosso Emanuel.

Eu chamava o caderno de "Gômer de Maná", aproveitando a ideia de Êxodo 16.32: "Disse Moisés: Esta é a palavra que o Senhor ordenou: Dele encherás um gômer e o guardarás para as vossas gerações, para que vejam o pão com que vos sustentei no deserto, quando vos tirei do Egito".

"Senhor, o que é o amor?"

> Deus é amor, e aquele que permanece no amor permanece em Deus.
>
> 1Jo 4.16

> O meu mandamento é este: que vos ameis uns aos outros, assim como eu vos amei.
>
> Jo 15.12

## A vida que devo a ti

"Pai, como isso é possível?"

O amor de Deus é derramado em nosso coração pelo Espírito Santo, que nos foi outorgado.

Rm 5.5

Amor, que nunca me abandonas,
em ti repouso a fraca alma;
devolvo a vida que devo a ti,
para que torrentes de água viva
inundem o meu ser.

George Matheson

"Devolvo a vida que devo a ti" — devo? Por que devo? A vida é minha, não é?

Acaso, não sabeis que o vosso corpo é santuário do Espírito Santo, que está em vós, o qual tendes da parte de Deus, e que não sois de vós mesmos? Porque fostes comprados por preço (1Co 6.19-20).

O senso de destino: alguém pagou por mim com seu sangue. Como esse conhecimento eleva minha visão para além dos ardentes desejos momentâneos!

Mas agora, assim diz o Senhor, que te criou, ó Jacó, e que te formou, ó Israel: Não temas, porque eu te remi; chamei-te pelo teu nome, tu és meu (Is 43.1).

É aí que meu destino está definido: no fato de eu ser criada, formada, remida, chamada pelo nome. O que era verdade sobre Israel é verdade sobre o cristão, que é um "filho de Abraão" pela fé.

Quando passares pelas águas, eu serei contigo; quando, pelos rios, eles não te submergirão; quando passares pelo fogo, não te queimarás, nem a chama arderá em ti. Porque eu sou o Senhor, teu Deus, o Santo de Israel, o teu Salvador (Is 43.2-3).

Anos atrás, uma jovem me procurou para perguntar: "Posso dizer a Deus que serei uma missionária se ele me der um marido?".

Eu disse que não. Ela ainda não havia compreendido as reivindicações divinas. Acaso nós estamos em posição de barganhar com nosso Criador, o Redentor, o Santo? "[...] não foi mediante coisas corruptíveis, como prata ou ouro, que fostes resgatados do vosso fútil procedimento que vossos pais vos legaram, mas pelo precioso sangue [...] o sangue de Cristo" (1Pe 1.18-19).

> 1º de março de 1948 — "E assim não nos apartaremos de ti; vivifica-nos, e invocaremos o teu nome. Restaura-nos, ó Senhor, Deus dos Exércitos, faze resplandecer o teu rosto, e seremos salvos".
>
> Sl 80.18-19

### *A vida que dero a ti*

Vemos em tua fronte a coroa de espinhos,
rastro ensanguentado em teu caminhar.
Oh! Jamais permitas que
de ti venhamos a nos afastar.

Amy Carmichael
"Índia"

Senhor, eu disse o eterno "sim". Que eu, tendo posto a mão no arado, jamais olhe para trás. Endireita diante de mim o caminho da cruz. Concede-me amor, para que não haja espaço para nenhum passo ou pensamento rebelde.

## A paixão é um campo de batalha

**3**

Já não me surpreendo mais com a confusão que se seguia às minhas orações fervorosas. Se existe um Inimigo das Almas (e eu não tenho a menor dúvida de que existe), algo que ele não pode suportar é o desejo por pureza. Por conseguinte, as paixões de um homem ou de uma mulher tornam-se seu campo de batalha. O Amante das Almas não impede isso. Eu ficava perplexa, pois me parecia que ele deveria, sim, impedir, mas isso não acontece. Ele quer que aprendamos a usar nossas armas.

Alguns exemplos de meu diário do ano anterior ilustram a confusão em que eu me encontrava. Eles apresentam um esboço de como eu era naquela época — mais precisamente, creio, do que eu seria capaz de extrair da memória.

2 de fevereiro de 1947 — Ansiando por alguém para amar, mas talvez o Senhor me queira apenas para si.

3 de fevereiro — Sara Teasdale: "Por que estou chorando em busca de amor?"

16 de fevereiro — Hal teve um encontro com minha colega de quarto e, então, ficou à minha espera no final da noite.

17 de fevereiro — Hal me acompanhou no caminho para casa. Na verdade, eu não quero sair com ele.

18 de fevereiro — Phil me convidou para sair. Recusei.

21 de fevereiro — Hal saiu cinco vezes com minha colega de quarto na semana passada. Não tive tantos encontros com ele assim.

22 de fevereiro — Hal me deu carona do correio para casa. Escrevi um poema inspirado na inconstância dos casais ao meu redor. Devo parar de vez de me encontrar com Hal, confrontá-lo ou simplesmente esperar que ele se decida?

8 de março — Aceitei sair com Hal para assistir a um concerto.

9 de março — Desmarquei o encontro e disse a Hal que devemos parar de sair juntos. Ele disse que nunca haveria mais ninguém.

10 de março — Fui precipitada?

11 de março — Devo me desculpar?

12 de março — Gostaria de não ter desmarcado o encontro.

14 de março — Tentei vê-lo.

17 de março — Conversei com ele, devolvi os presentes e agradeci por tudo o que ele havia feito por mim. Saudades.

## A paixão é um campo de batalha

23 de março — Conheci Jim Elliot. Boa conversa. Ótimo rapaz.

1º de julho — De vez em quando, penso na solteirice... Deus certamente pode me dar vida abundante. Que eu jamais me desvie.

26 de outubro — Li sobre Henry Martyn, da Índia. Henry teve de escolher entre a mulher a quem amava e o campo missionário. Será que eu terei de escolher entre o casamento e a missão?

27 de outubro — Elizabeth Clephane: "Não peço nenhum outro raio de luz, senão o resplandecer de sua face".

11 de novembro — Preocupada com o futuro trabalho de tradução, com o casamento, com ensinar grego no próximo ano. Minha mente não tem estado "firme nele" (veja Is 26.3).

Certo dia, uma amiga no dormitório me perguntou como estava minha vida amorosa.

"Vida amorosa? Eu não tenho uma vida amorosa."

"Fala sério! Ouvi dizer que você recusou um encontro com Hal."

"Você chama isso de vida amorosa?"

"Você entendeu o que eu quis dizer. Pelo menos você tem uma opção."

"Em certo sentido, talvez."

"E eu não vi você com Phil na semana passada?"

"Ora, o Phil! Você sabe por que *ele* me convidou."

"Não sei, não."

"Membro do Clube de Solteiros. Precisa convidar uma garota diferente a cada semana, de preferência uma que nunca tenha sido convidada. Eu deveria me sentir lisonjeada com isso, você acha?"

Hal, Phil e alguns outros. Alguns rapazes que haviam demonstrado interesse por mim no ensino médio ainda me rodeavam. Nenhum deles se parecia, nem de longe, com o marido com quem eu sonhava.

Se os tempos mudaram, não vejo sinais de que a confusão tenha diminuído. As mulheres ainda sonham e têm esperanças, confiam suas emoções a algum homem que não corresponde e acabam confusas. Uma garota do Texas me escreveu páginas e mais páginas sobre como seu primeiro caso de amor não resultara em nada e como ela havia tirado a sorte grande (ou seja lá como se diz hoje em dia) ao conhecer outro jovem, chamado Skip.

> Na breve conversa que tivemos, percebi que ele era muito especial. Consegui ver que ele tinha um caminhar bem próximo do Senhor. Enquanto minha colega de quarto e eu voltávamos do jantar para casa, ela sussurrava algo sobre Skip ser muito legal, e eu dizia ao Senhor: "Vou ficar com este aqui, obrigada". Duas semanas depois, ele me convidou para sair. Era o Dia da Independência, e nós iríamos assistir aos fogos de artifício, mas estava chovendo e fomos parar na Little Sambo's, onde tomamos café e conversamos por cinco horas. Quando,

## A paixão é um campo de batalha

finalmente, voltamos para casa, sentamos e conversamos um pouco com minha colega de quarto e o namorado dela. Depois, Skip pediu para ver meus trabalhos artísticos, e nós conversamos um pouco mais. Às duas da manhã, quando, finalmente, decidimos encerrar o dia, Skip me disse: "Vamos orar". Acho que não preciso dizer que, àquela altura, eu havia sido completamente fisgada. Para mim, aquele foi o início de uma das experiências mais angustiantes que já tive. Começamos a "passar do ponto" no namoro e, então, Skip começou a engatar a marcha à ré. Passei os últimos três meses para limpar a bagunça que ele fez na minha vida. Ainda o amo tanto quanto sempre amei, mas já não dói mais.

As histórias vão se tornando muito familiares. Com as mulheres, é sempre o antigo anseio — "E o seu desejo será para o marido" —, a inextinguível esperança de reconhecimento, atenção, proteção. Com os homens, é sempre a inquietação de vagar, experimentar, conquistar, muito embora, em seu íntimo, haja uma:

> Fome, não a do ventre, que se sacia com almoço e jantar,
> mas a fome atroz do solitário por tudo o que há num lar;
> por aconchego junto à lareira, por um teto acolhedor;
> pleno de paz e alegria, coroado com feminino amor.[3]
>
> Robert Service

---

[3] Robert Service, *The Complete Poems of Robert Service* (New York: Dodd, Mead and Company, 1940), 30-31.

Olhando para trás, é fácil admirar-me com minha própria tolice aos vinte anos. Agora, quando ouço histórias contemporâneas de amor esperado, conquistado e perdido, lembro-me de que foi nessas questões que meu próprio coração foi experimentado, esquadrinhado e exposto, e o processo de purificação teve início.

"Bem-aventurados os limpos de coração, porque verão a Deus" (Mt 5.8). Por que essa visão precisa custar tanto? Acaso o coração não é suficientemente puro para não ter mais do que a medida usual de malícia, deliberada cobiça ou lascívia? Não seria suficiente que eu, honestamente, desejasse amar a Deus e fazer o que ele quer?

Nunca me esqueci da manhã em que o reitor, Dr. Charles Brooks, encerrou sua mensagem na capela com as palavras de uma antiga canção evangélica. Ainda consigo ver sua atitude humilde e ouvir sua voz tranquila:

> Só uma coisa peço a ti, pois tão impuro é meu viver:
> com água ou com fogo, limpa-me e purifica meu ser!
> Vem por inteiro me lavar, depura-me no fogo teu;
> somente isto vou clamar: que morra o pecado meu![4]

---

4 W. G. Smith, "A Clean Heart", extraído de *The Keswick Hymn-Book* (London: Marshall, Morgan & Scott, Ltd.).

## *Afeições desordenadas*

4

O *Livro de Oração Comum* contém "coletas", orações curtas que abarcam ideias reunidas ou "coletadas" da leitura daquele dia. Esta é a do quinto domingo da Quaresma:

> Onipotente Deus, somente tu podes pôr em ordem a vontade e as afeições desordenadas dos pecadores. Concede ao teu povo a graça de amar o que ordenas e desejar o que prometes; para que, em meio às inconstâncias do mundo, nossos corações permaneçam firmes naquele lugar onde se encontra a verdadeira alegria; por nosso Senhor Jesus Cristo, que vive e reina contigo, e com o Espírito Santo, um só Deus, agora e sempre. Amém.[5]

Eu lia minha Bíblia, creio que, com muita confiança, praticamente todos os dias durante o ensino médio e a faculdade. Antes disso, se nem sempre eu mesma a lia, ouvia-a nas

---

[5] N.T.: A tradução é do *Livro de oração comum brasileiro* (Recife: Diocese do Recife — Comunhão Anglicana, 2008). Disponível em: https://www.anglicananobrasil.com/on/loc-livro-de-oracao-comum.

ocasiões em que meu pai a lia em nosso lar, tanto de manhã como à noite. Não era preciso ter uma compreensão especialmente profunda da Bíblia para saber que eu não estava nem perto de alcançar seus padrões. À medida que eu ia me tornando mulher e começava a descobrir o que havia em meu coração, vi, com muita clareza, que, de todas as coisas difíceis de governar, nada era mais difícil do que minha vontade e minhas afeições. Elas eram extremamente desordenadas, como os registros do meu diário atestam.

Colocar qualquer coisa em ordem — um quarto bagunçado, um cavalo selvagem, uma criança recalcitrante — envolve alguns custos. No mínimo, isso demanda tempo e energia. Talvez até mesmo esforço, labuta, sacrifício e dor. A resposta à oração acima — pôr em ordem nossas vontades e afeições desordenadas — nos custará algo.

> Meu amor a ti entrego, meu Deus.
> E deposito a teus pés seus tesouros.[6]
> 
> Francis Ridley Havergal

É fácil cantar um hino junto com a congregação, na igreja. Eu havia cantado esse muitas vezes, sem saber o que haveria de significar para mim. Não digo que o cantava de forma leviana, mas, de alguma forma, minha sinceridade precisava ser provada.

No *campus*, havia um estudante que chamava cada vez mais minha atenção, desde aquele dia em março do meu

---

[6] Frances Ridley Havergal, "Take My Life".

primeiro ano, quando o conheci e conversei com ele. Desde então, Dave, meu irmão, vinha me incentivando a conhecê-lo, sem muito sucesso. Como ele e Dave estavam na equipe de luta livre, fui a uma partida, supostamente para ver o Dave jogar. Pegava-me rindo com a multidão prestando atenção em Jim Elliot, o "homem-elástico da Índia", que podia ser amarrado com cordas, mas ninguém conseguia imobilizar. Observava Jim na Sociedade de Missões Estrangeiras — sincero, comprometido com o serviço missionário, franco (especialmente em relação àqueles que não estavam muito preocupados com as missões). Observava-o de pé nas filas do refeitório, segurando pequenos cartões brancos nas mãos, memorizando verbos gregos ou versículos bíblicos. Ouvia o nome dele ser lido um semestre após o outro nas convocações honorárias. Enfim, Dave convidou Jim para nos visitar em Nova Jersey e passar o Natal conosco. Tivemos algumas longas conversas depois de a família ir para a cama. Quanto mais Jim falava, mais eu via que ele se encaixava na imagem que eu esperava de um marido. Ele adorava cantar hinos e sabia de cor dezenas deles. Ele amava ler poesia, amava ler *em voz alta*. Jim era um homem de verdade, forte, de ombros largos, não afetado, amigável e, eu achava, muito bonito. Ele amava Deus. Essa era a dinâmica suprema de sua vida. Tudo o mais, comparativamente, tinha pouca importância.

    Ele era um estudante de grego, assim como eu. Após o Natal, comecei a ter esperança de que, vez ou outra, ele se sentasse ao meu lado na sala de aula. E isso aconteceu. Ele se sentava ao meu lado com frequência, algumas vezes até mesmo quando precisava tropeçar em outras pessoas para conseguir o lugar. Seria possível...? Será que ele estaria interessado...? Minhas esperanças aumentaram, porém muito timidamente.

Domingo de manhã no refeitório. Como muitos alunos saíam do *campus* nos fins de semana e muitos dos que ficavam não se levantavam para tomar café aos domingos, todos comiam em um único refeitório, e não em três. Na semana inteira, aquela era minha única oportunidade de ver Jim em uma refeição, já que ele comia em "Lower Williston", onde os preços eram mais baixos e as pessoas (costumávamos dizer, em tom de brincadeira), mais modestas. Eu estava sentada com um grupo de garotas em "Upper", quase terminando minhas panquecas, quando olhei de relance para a porta. Jim estava entrando. Ele chamou minha atenção e abriu um sorriso largo. Eu flutuei pelo resto do dia. Jim Elliot havia sorrido para mim.

Viagem do grupo de evangelismo para Indiana. Jim era o organizador e havia escolhido três homens e duas mulheres para acompanhá-lo. Eu era uma delas, e estávamos dirigindo de volta para casa, bem depois da meia-noite. Jim disse que precisaria de alguém para se sentar ao lado dele — alguém que não estivesse com sono e pudesse falar para mantê-lo acordado.

"Que tal você, Bett?", sugeriu ele, e meu coração disparou. Eu, com sono?

Conversamos sobre os eventos do dia, sobre a reação dos jovens às nossas palestras sobre missões e, suponho, sobre outras coisas. Já não me lembro mais. Então, Jim recitou de memória vinte e uma estrofes de "The Sands of Time Are Sinking" ["As areias do tempo se esvaem"], um hino de

Rutherford. Ali estava o "meu" versículo, aquele que transcrevi no Gômer de Maná:

"Ó Cristo, ele é a fonte, doce e profundo manancial de amor..."

Certa noite, a campainha tocou no meu andar. Isso significava que, lá embaixo, havia uma ligação telefônica para alguém, mas dificilmente era para mim.
"Howard!", gritou alguém. (Naquela época, era comum nos chamarmos pelos sobrenomes.)
Corri até o saguão e peguei o telefone. "Bett? É o Jim. Que tal sairmos para tomar Coca no Stupe? Gostaria de falar com você."
"Claro. Agora?"
"Chego logo."
Sentamos em uma cabine no Stupe, o apelido do centro de recreação estudantil. Jim fez o pedido e, então, abriu sua Bíblia. Esqueci a referência, mas me lembro da conversa. Era sobre minha hesitação. Jim me repreendeu como uma "irmã em Cristo" e me estimulou a ser mais aberta, mais amigável. Cristo poderia tornar-me mais livre, se eu assim permitisse.
Senti-me um pouco magoada. Mas fiquei feliz em ver a franqueza de Jim; feliz porque ele se importava comigo a ponto de me falar a verdade com toda a sinceridade. Marquei outro item da minha "lista" — esse era o tipo de homem que eu procurava.
Enquanto eu pedia ao Senhor que me conduzisse a algum tipo específico de serviço cristão, descobri que um grupo de

alunos ia regularmente a Chicago, aos domingos, para falar de Cristo às pessoas nas estações de trem. O que poderia ser mais intimidador que isso? Ao me lembrar das admoestações de Jim no Stupe, decidi não me deixar intimidar. *Faça aquilo que você teme*, disse a mim mesma. Na tarde do domingo seguinte, quando cheguei à estação de Wheaton para pegar o trem para Chicago, quem estava lá, andando para cima e para baixo na plataforma, sob um vento forte? Era Jim Elliot, de casaco balançando ao vento, chapéu Fedora em um ângulo jovial na parte de trás da cabeça, com uma Bíblia enorme debaixo do braço. Essa não! Eu não fazia ideia de que ele fazia parte do grupo. Com certeza, ele iria pensar que eu estava atrás dele, mas, naquele momento, eu dificilmente poderia recuar.

Nenhum de nós se sentou junto dos demais no trem. Esperávamos conversar com estranhos no caminho. A comunhão que tínhamos como grupo era nas reuniões semanais de oração, no *campus*. Em um domingo, com os vagões praticamente vazios na viagem de volta, Jim atirou a Bíblia no assento ao meu lado enquanto tirava o casaco e o chapéu. Calor e calafrios percorreram minha espinha.

"Como foi, Bett?", perguntou. Conversamos ao longo de todo o trajeto de volta para Wheaton, e ele foi caminhando comigo até o dormitório. Nada do que dissemos ficou registrado na memória, exceto uma impressão geral de encorajamento. Talvez ele tenha visto que eu escolhera o que era mais difícil. Ele se despediu com um alegre "Vejo você na aula de grego".

Cada encontro reforçava a suspeita de que eu poderia estar me apaixonando por aquele homem. Uma sensação deliciosa, mas não muito sensata para uma mulher que tentava ir diretamente para o campo missionário — o qual, eu pensava, seria na África ou nos Mares do Sul.

*Como* exatamente alguém consegue depositar os "tesouros" do seu amor aos pés de Deus? *Bem, prometi a mim mesma, descobrirei quando, de fato, me apaixonar. Ainda não há esse tipo de envolvimento.*

# Deus quer tudo?

## 5

Deus esquadrinhava o coração dos homens nos tempos do Antigo Testamento.

> Depois dessas coisas, pôs Deus Abraão à prova e lhe disse: Abraão! Este lhe respondeu: Eis-me aqui! Acrescentou Deus: Toma teu filho, teu único filho, Isaque, a quem amas, e vai-te à terra de Moriá; oferece-o ali em holocausto, sobre um dos montes, que eu te mostrarei. Levantou-se, pois, Abraão de madrugada e, tendo preparado o seu jumento, [...] foi para o lugar que Deus lhe havia indicado (Gn 22.1-3).

Deus ainda esquadrinhava os corações nos tempos do Novo Testamento:

> [...] E eis que alguém, aproximando-se, lhe perguntou: Mestre, que farei eu de bom, para alcançar a vida eterna?
> [...] Disse-lhe Jesus: Se queres ser perfeito, vai, vende os teus bens, dá aos pobres e terás um tesouro no céu; depois, vem e segue-me (Mt 19.16, 21).

Quem ama seu pai ou sua mãe mais do que a mim não é digno de mim; quem ama seu filho ou sua filha mais do que a mim não é digno de mim; e quem não toma a sua cruz e vem após mim não é digno de mim. Quem acha a sua vida perdê-la-á; quem, todavia, perde a vida por minha causa achá-la-á (Mt 10.37-39).

Sim, deveras considero tudo como perda, por causa da sublimidade do conhecimento de Cristo Jesus, meu Senhor; por amor do qual perdi todas as coisas e as considero como refugo, para ganhar a Cristo [...] (Fp 3.8).

Grandiosos princípios espirituais. Indiscutíveis. Meu intelecto aceitava plenamente todos eles. Um gigante da fé como Abraão ou o apóstolo Paulo — é claro que *eles* tinham de ser testados com grandes provas. Eu era apenas uma estudante universitária tentando me sair bem nos estudos, orando por uma direção para minha vida, alguém que se sentia atraída por um homem muito bonito, cujo principal interesse era o Reino de Deus. Havia algo de errado nisso?

"Se queres ser perfeito..." A questão não se dirigia apenas ao intelecto. Agora, meu coração e meus sentimentos estavam envolvidos, e eu precisava dar uma resposta. Dessa vez, era *eu* quem estava sendo esquadrinhada por Deus. Será que eu queria ser "perfeita"? *Sim, Senhor.*

"Você quer ser digna de mim?" *Sim, Senhor.*

"Você quer conhecer Cristo Jesus como Senhor?" *Certamente, Senhor.*

## *Deus quer tudo?*

Em *Parables of the Cross* [Parábolas da cruz], o belamente ilustrado livro de Lilias Trotter, ela descreve o ciclo de vida e morte das plantas — ciclo que ilustra os processos espirituais que devem ocorrer em nós se quisermos morrer para nós mesmos e viver para Deus. Isso vale para a vida amorosa tanto quanto para outras áreas:

> As belas pétalas novas devem cair, e isso sem nenhuma razão aparente. Ninguém parece beneficiar-se desse ato de arrancar.
>
> E o primeiro passo para entrar no reino da abnegação é uma entrega semelhante — não em direção ao homem, mas em direção a Deus: uma renúncia total do nosso melhor. Enquanto a nossa ideia de entrega se limitar à renúncia de coisas ilícitas, jamais compreenderemos o seu verdadeiro significado: *tal atitude* não é digna do nome de "entrega", pois "nenhuma coisa imunda" pode ser oferecida.
>
> A vida perdida naquela cruz não era pecaminosa — o tesouro ali derramado fora dado por Deus, abençoado por Deus, um tesouro lícito ao qual ele tinha todo o direito de se apegar: exceto pelo fato de que a vida do mundo estava em jogo.[7]

---

7 Lilias Trotter, *Parables of the Cross* (London: Marshall Brothers, s.d.).

Que tipo de Deus é esse que pede tudo de nós? O mesmo Deus que "não poupou o seu próprio Filho, antes, por todos nós o entregou, porventura, não nos dará graciosamente com ele todas as coisas?" (Rm 8.32).

Ele dá tudo.

Ele pede tudo.

> 2 de abril — Estou tomada pelo medo de que minha própria vontade ganhe espaço e, assim, eu ponha em ruínas minha utilidade para Deus. Seria fácil seguir meus sentimentos [...] intrometer-me na voz do Senhor quando ele diz: "Este é o caminho, andai por ele".

Eu queria ser amada. Nada de incomum nisso, nada que separe minha geração de qualquer outra.

Mas eu queria algo mais profundo. Em meio a todas as tolices do meu diário, pensamentos semelhantes à palha que o vento do Espírito pode dissipar, havia um pouco de trigo. Havia um anseio franco diante de Deus pelo "coração firmado" de que fala a coleta. Mil perguntas confundiam minha mente, as mesmas que encontro nas cartas que recebo hoje em dia. Eu pensava que algumas das minhas questões eram novas. Meus correspondentes pensam o mesmo. Não são. Mas a questão que precede todas as outras, a questão que finalmente determina o curso de nossas vidas, é a seguinte: o que, de fato, eu quero? Quero amar o que Deus ordena, nas palavras da coleta, e desejar o que ele promete? Eu queria o

### Deus quer tudo?

que eu mesma queria? Ou eu queria o que Deus queria, não importando o que isso custasse?

Até que a vontade e as afeições sejam colocadas sob a autoridade de Cristo, não teremos sequer começado a compreender, muito menos a aceitar seu senhorio. À medida que a cruz vai entrando em nossa vida amorosa, revela a verdade do coração. Eu sabia que meu coração seria um eterno caçador solitário, a menos que estivesse firmado "lá onde se acha a verdadeira alegria".

Certa manhã, eu estava lendo a história de Jesus alimentando cinco mil pessoas. Os discípulos haviam conseguido juntar apenas cinco pães e dois peixinhos. "Trazei-mos", disse Jesus. Ele pediu tudo. Ele os tomou, abençoou-os e os partiu antes de distribuí-los. Lembrei-me do que Ruth Stull, missionária no Peru, disse ao falar na capela: "Se a minha vida for partida ao ser entregue a Jesus, é porque seus pedaços hão de alimentar uma multidão, enquanto o pão inteiro alimentaria apenas um jovem rapaz".

# O raciocínio da serpente

**6**

Alguns anos atrás, por volta das duas horas da manhã, uma linda garota que estava hospedada em minha casa bateu à porta do meu quarto. Ela estava voltando de um encontro e queria conversar. Sentando-se na beirada da minha cama, ela me contou sobre sua ânsia de se casar com um homem bonito e rico. O homem com quem ela havia acabado de sair não era nada disso. Era um bom rapaz — cristão, bonito, interessante, "muito legal", mas não rico.

"O que você almeja na vida, acima de todas as outras coisas?", perguntei. "As escolhas de Deus ou as suas?"

"As de Deus, claro!"

"E se ele escolhesse para você um homem pobre e rústico?"

"Oh, mas ele não faria isso!"

"Por que não?"

"Porque ele me ama."

"Ah, entendo... Então, ele dará o homem pobre e rústico apenas a uma mulher a quem ele não ame?"

"Ah, mas..."

"Ou pense da seguinte forma: ele ama o homem pobre e rústico? Se sim, acaso lhe dará uma mulher feia? Ou será que ele pode dar-lhe uma linda mulher?"

"Ah, por favor!"

"Você disse que queria as escolhas de Deus, Jane, e as escolhas de Deus envolvem seus planos para um universo inteiro — todos os átomos, todos os mundos, todas as pessoas, bonitas e feias, ricas e pobres. Ele está operando um engenhoso e intrincado projeto de fazer o bem, e parte desse projeto talvez necessite que se dê uma linda garota a um homem rústico. Talvez o homem sem aparência e sem dinheiro esteja orando para que Deus dê você a ele. Que tal *isso*?"

"Isso é complicado demais para mim. Tenho orado pela vontade de Deus, e tenho orado por um marido rico e bonito — e é isso que vou ter, porque Jesus me ama e quer que eu seja feliz."

"Então, se você não conseguir isso, será uma prova de que Deus não a ama?"

Os olhos azuis se encheram de lágrimas. "Ele não quer que eu seja feliz?" (Ouvi um eco de Eva no Éden.)

"Ele deseja ainda mais que você seja santa."

"Desgraçada e carrancuda, então. É isso que Deus quer? A santidade tem de ser assim?"

"Tem de ser? Não. Não só não *tem* de ser, como também não *pode* ser. A verdadeira santidade não pode ser infeliz e carrancuda, Jane. *Santidade* significa 'inteireza.'[8] Vem da

---

8 N.T.: A autora se refere à etimologia do termo *holiness*, em inglês.

mesma raiz de *robusto* — você sabe, ser robusto e vigoroso. Íntegro. Realizado".

"Bem, isso tem de significar ser feliz."

"Certamente, é isso que significa. O problema começa quando estabelecemos em nossa própria mente o que nos trará felicidade e chegamos à conclusão de que, se não conseguirmos exatamente aquilo, então Deus não nos ama. Nós caímos num lamaçal de autocomiseração que diz: 'Deus me odeia.'"

"Mas você acabou de dizer que ele quer que sejamos felizes. Então, ele certamente quer nos dar o que nós queremos, não é? Quero dizer, dentro do razoável."

"Ele queria que Adão e Eva fossem felizes, mas não lhes deu tudo o que queriam. Ele sabia que fazer isso seria a morte deles. Então, eles ficaram furiosos e decidiram que ele não os amava e que estava sendo mesquinho ao lhes dizer que não tocassem no fruto. Como ele poderia amá-los, se não os deixava ter aquilo? Eles deram mais crédito ao raciocínio da serpente do que ao de Deus."

Um pedaço de papel que me foi entregue durante uma palestra continha a seguinte pergunta: "O que você faz quando sente haver chegado a um ponto no qual sua solteirice parece ser uma condição inadequada para um crescimento pessoal mais profundo? Quanto tempo você consegue suportar essa situação?".

Ainda bem que eu não estava na tribuna quando recebi essa pergunta. Acho que dei uma gargalhada. Diverti-me com a ideia de dar uma resposta jocosa: "Mais três dias; então, peça alguém em casamento, ou se enforque de uma vez".

É claro que não foi isso o que eu disse. O cerne da questão é a frase "uma condição inadequada para um crescimento pessoal mais profundo". É isso que a solteirice é? Isso significa que o casamento, e apenas o casamento, é uma condição adequada para um crescimento pessoal mais profundo? Então, como Jesus se virou como um homem solteiro?

Receio que a serpente vinha conversando com aquela pessoa. Ela vinha se esgueirando e sussurrando: "Deus é mesquinho. Ele balança diante de seus olhos aquele lindo fruto chamado casamento, e não permite que você o tenha. Ele recusa a você a única coisa de que você precisa para ter um crescimento pessoal mais profundo, a única coisa no mundo inteiro que resolveria todos os seus problemas e a tornaria realmente feliz".

## O primeiro encontro

7

A primeira vez que Jim me convidou para sair foi para uma reunião missionária na Moody Church, em Chicago, no final de abril. Nenhuma surpresa em sua escolha de um evento dessa natureza, em vez de um concerto ou um restaurante. A palestrante era uma das filhas de C. T. Studd, o famoso missionário que serviu na África. Ela contou sobre as últimas horas de seu pai. Ele se deitou em sua cama e olhou ao redor da pequena cabana, para seus poucos pertences. "Eu gostaria de ter algo para deixar a cada um de vocês", disse ele a um punhado de pessoas presentes, "mas eu dei tudo a Jesus, muito tempo atrás".

1º de maio de 1948 — Hoje passei por uma provação difícil. Recebi pelo correio intercolegial uma carta que me pôs de joelhos. Muito graciosamente, o Senhor me conduziu a 1 João 1.7: "Se, porém, andarmos na luz, como ele está na luz, mantemos comunhão uns com os outros, e o sangue de Jesus, seu Filho, nos purifica de todo pecado". Conserva-me firme em teu caminho, pois sou tua serva.

2 de maio — Passei toda a manhã com Deus. Está chovendo muito para eu ir a pé até a igreja. É difícil saber como lidar com essa novidade. Estou disposta a fazer a vontade de Deus, mas não consigo dizer se meus desejos são errados e se devem ser "arrancados".

3 de maio — Hoje houve um comprometimento pleno com Deus.

A carta, claro, era de Jim. Ele confessava que, de algum modo, estivera fora de si na noite do nosso encontro. Aquilo era um pouco obscuro para mim, mas senti que poderia ter sido minha culpa. "Essa novidade" era o forte sentimento repentinamente despertado no exato instante em que eu pensava estar aprendendo a "dormir" na vontade de Deus. Eu estava bem acordada.

O Senhor disse ao rei Davi que erguesse um altar na eira que pertencia a Araúna, o jebuseu. Quando o rei indagou a Araúna se poderia comprá-la, Araúna implorou que Davi a tomasse como um presente, juntamente com os bois para o holocausto, os trilhos e a apeiragem dos bois para a lenha. "Não", respondeu o rei, "não oferecerei ao Senhor, meu Deus, holocaustos que não me custem nada" (2Sm 24.24).

*Senhor*, disse eu, *eis aqui o meu coração*.

4 de maio — Mais provações hoje. Deus está me perguntando insistentemente: "Tu me amas?", e eu me vejo evitando a questão. Então, vem a resposta: Sim, Senhor. Estou consciente da guerra entre a carne e o espírito

## O primeiro encontro

— o espírito disposto e a carne, fraca. Evidentemente, preciso da provação.

Põe tua cruz entre nós, bendito Senhor.
Faze-nos amar a ti, dá-nos teu vigor
para, sob teus feridos pés, nos prostrarmos —
Não há melhor lugar pra nos encontrarmos.
Torna nosso rosto como em pederneira,
seja tua vontade a meta derradeira.
Guarda-nos o coração de se desviar!
Consome nosso ser, faz teu amor queimar.

5 de maio — Jim e eu estudamos juntos, como costumamos fazer às segundas, quartas e sextas-feiras.
6 de maio — Quem poderia adivinhar tudo o que ocorreria em tão poucos dias? Como Deus pode operar sua vontade em mim, se estou cheia de meus próprios desejos? Seja feita a tua vontade.

Em que estado eu me encontrava! "Cheia de desejos." Eu desejava que meus desejos fossem o que Deus desejava e, se meus desejos não eram o que Deus desejava, eu desejava poder desejar que meus desejos fossem embora, mas os desejos permaneciam lá.

9 de maio — Da mais transbordante bênção de nossa vida terreal novamente retornamos vazios, Jesus, para ti. Pois, "dos corações amantes, tu és alegria real".

12 de maio — Jim Elliot foi eleito presidente da Foreign Missions Fellowship [Fraternidade de Missões Estrangeiras] para o próximo ano.

# Amor infalível

"Mas como posso descobrir o que Deus quer que eu faça, se eu não sei o que quero fazer?" Não entendo a lógica dessa pergunta, mas já a ouvi mais de uma vez. Por que não começar simplesmente dizendo a Deus que você fará qualquer coisa que ele ordenar? Você é a serva. Ele é o Senhor. Essa é a única abordagem razoável, não? Além disso, há, *sim*, a possibilidade de que ele ordene algo de que você goste.

Falando sobre os adolescentes dos anos 1980, Joan Schuman, diretora do Departamento de Serviços Estudantis de Massachusetts, disse: "Acima de tudo, é o egoísmo deles que me impressiona tanto. O tema predominante é 'O que vou ganhar com isso?' e 'Não me importo com o que acontecerá com o meu próximo'".

Mais de um milhão de meninas solteiras com menos de 20 anos estão grávidas. Isso parece ilustrar a observação da srta. Schuman. Elas pegam o que querem, de qualquer maneira que puderem. Onde aprendem isso? Algumas, infelizmente, aprendem com seus pais, que abandonaram a responsabilidade do casamento, do lar e dos filhos em troca de outro "estilo de vida", outro parceiro, outra carreira, outra aposta pela felicidade que sempre os frustrará. Se o comportamento de uma mãe ou de um pai diz, para todos os efeitos: "A vida é minha, é isso o que eu quero, o resto de vocês que se dane!", seus filhos seguirão o exemplo. Quem há de lhes mostrar outro caminho?

Seria tolice negar que existem alguns prazeres ao longo dessa estrada. Há muito do que as pessoas chamam de diversão. Há adrenalina, satisfações, "experiências".

> Há caminho que ao homem parece direito,
> mas ao cabo dá em caminhos de morte.
> Até no riso tem dor o coração,
> e o fim da alegria é tristeza (Pv 14.12-13).

Existe outro caminho: amar o que Deus ordena e desejar o que ele promete. E não é possível encontrar isso senão por meio de oração e obediência. Ele é perpendicular ao outro caminho: conduz-nos a um lugar onde nada está à mercê das variações de costumes e opiniões. Um lugar no qual o coração de um homem pode descansar em segurança — e o coração de uma mulher, também.

> 1 Pedro 5.7: "[...] lançando sobre ele toda a vossa ansiedade, porque ele tem cuidado de vós".
> Filipenses 4.6: "Não andeis ansiosos de coisa alguma; em tudo, porém, sejam conhecidas, diante de Deus, as vossas petições [...]".
> Mateus 6.25: "Por isso, vos digo: não andeis ansiosos [...]"

*merimna* — "cuidado, pensamento, inquietação, perturbação".

*merimnao* — "estar ansioso, sobrecarregado, pensar insistentemente em algo".

O diário não esclarece o que estava me perturbando no dia em que copiei os versículos acima e consultei as palavras gregas em destaque. Sem dúvida, a ansiedade que obscurecia boa parte dos meus dias era o pensamento de que eu poderia perder o caminho da retidão. Melhor *essa* ansiedade, talvez, do que uma arrogância despreocupada; porém, os anos que se seguiram me provaram, repetidas vezes, que o coração determinado a fazer a vontade do Pai jamais deve temer a derrota. Podemos confiar inteiramente em suas promessas de nos conduzir. Faz sentido crer que o Pastor se importaria menos do que as próprias ovelhas em levá-las para onde ele quer que estejam?

> Instruir-te-ei e te ensinarei o caminho que deves seguir;
> e, sob as minhas vistas, te darei conselho.
> Não sejais como o cavalo ou a mula, sem entendimento,
> os quais com freios e cabrestos são dominados; [...]
> Muito sofrimento terá de curtir o ímpio,
> mas o que confia no Senhor, a misericórdia o assistirá.
> Alegrai-vos no Senhor e regozijai-vos [...] (Sl 32.8-11).

# A revelação

Parecia haver um conflito entre o compromisso estabelecido com o Senhor Cristo e o desejado compromisso com Jim Elliot. O discipulado geralmente nos conduz à necessidade de escolher entre dever e desejo. No entanto, eles nem sempre são mutuamente exclusivos. Quando nosso coração está voltado à obediência, podemos estar seguras de que receberemos a sabedoria necessária para distinguir onde há conflito e onde há harmonia. E esse pode ser um processo lento e doloroso.

No Memorial Day,[9] a fraternidade missionária fez um piquenique de café da manhã em um lugar chamado "A Lagoa". Ao término, eu estava entre os que ajudaram na limpeza. Jim também estava e, obviamente, eu o mantive em algum lugar da minha visão periférica. Quando tudo estava terminado, ergui os olhos e o vi sentado em uma mesa de piquenique, com dois amigos. Bill e Van estavam conversando; Jim estava balançando as pernas e olhando para mim. Todo mundo tinha ido embora. Ele pulou da mesa e correu para onde eu estava despejando a última carga em uma lata de lixo.

---

9 N.T.: *Memorial Day* é um feriado norte-americano em homenagem aos soldados mortos em combate.

"Posso acompanhar você de volta para casa?"

"Sim. Bill e Van estão vindo?"

"Eles estão entretidos em algum assunto. Vamos deixá-los sozinhos."

Caminhamos meio quarteirão em silêncio. Então, de repente, "Precisamos esclarecer como nos sentimos um em relação ao outro", disse Jim. Fiquei boquiaberta. Sem rodeios, nada disso. Simples assim. Bum! A revelação pela qual eu esperava — ele *tinha* alguns sentimentos. E ele estava presumindo que eu também tinha. Fiquei um pouco irritada com essa suposição. Parecia presunçoso, já que eu pensava estar fazendo um ótimo trabalho em esconder meu interesse por ele. A última coisa que eu queria era, de alguma forma, sugerir que eu havia pensado nele duas vezes — ou seja, até ele sugerir que estava interessado em mim. E agora, o que eu deveria dizer?

"Como nos sentimos um em relação ao outro? Você quer dizer que..."

"Deixe disso, Bett. Não me diga que você não sabia que eu estava apaixonado por você."

"Eu não fazia a menor ideia."

"Sério? Pois deveria! Se não sabia... Tudo o que posso dizer é que você deve ter pensado que eu era um cara muito legal. Tenho me esforçado para ficar perto de você, ser gentil com você, mostrar como me sinto sem usar nenhuma palavra. Quer dizer que você não percebeu?"

"Sim, percebi. Mas tive medo de acreditar no que estava vendo. Eu dizia a mim mesma que você não poderia estar interessado, muito menos..."

## A rerelação

"Apaixonado. É o que estou dizendo. Ei, não vamos para o *campus* agora. Vamos voltar para a Lagoa e resolver isso."

Sete horas depois, queimados de sol, flutuando em uma névoa de arco-íris, despedimo-nos na escada em frente ao meu dormitório. Subi para meu quarto, feliz por ter aquele pequeno "aposento" para poder refletir.

Arcos-íris são feitos de luz do sol e chuva. A luz do sol que transformou meu mundo em uma profusão de cores foi saber do amor de Jim Elliot por mim. A chuva foi outro fato que ele me explicou quando nos sentamos na grama perto da Lagoa — que Deus o estava chamando para permanecer solteiro. Talvez pelo resto da vida, talvez apenas até ele conhecer pessoalmente a selva na qual trabalharia como missionário. Missionários mais velhos lhe haviam dito que homens solteiros eram necessários para fazer o trabalho que os casados jamais poderiam executar. Havia algumas regiões aonde as mulheres não podiam ir. Jim acatou a palavra deles e se comprometeu a continuar solteiro pelo tempo que a vontade de Deus assim exigisse.

3 de junho — "Quem mais tenho eu no céu? Não há outro em quem eu me compraza na terra".

Salmos 73.25

"Levantai-vos e ide-vos embora, porque não é lugar aqui de descanso [...]."

Miqueias 2.10

"Disse também o Senhor a Arão: Na sua terra, herança nenhuma terás [...] Eu sou a tua porção e a tua herança [...]."

Números 18.20

"[Ela] andou atrás de seus amantes, mas de mim se esqueceu, diz o Senhor."

Oseias 2.13

"[...] desposar-te-ei comigo em fidelidade, e conhecerás ao Senhor."

Oseias 2.20

"O Senhor, tenho-o sempre à minha presença [...]."

Salmos 16.8

"Tu me farás ver os caminhos da vida [...]."

Salmos 16.11

"Os meus passos se afizeram às tuas veredas, os meus pés não resvalaram."

Salmos 17.5

Eu era muito cautelosa quanto ao que incluía no diário. Não acho que era por temer que alguém descobrisse meus segredos. Acho que tinha medo de articular, ainda que para mim mesma, sentimentos dos quais talvez tivesse de me livrar. Melhor me apegar ao que Deus me dizia do que àquilo que

## A revelação

meu coração dizia. Parecia o curso mais seguro. Ainda hoje, eu não o desprezo. A única maneira de construir uma casa sobre a rocha é *ouvir* a Palavra (eu não poderia tê-la ouvido se tudo o que escutasse fossem os meus sentimentos) e, então, tentar praticá-la. A coletânea de versículos no registro de diário acima representa avisos e aspirações que moldaram meu pensamento. Admito que estão fora de contexto, mas creio que Deus os deu a mim, naquela ocasião, para mostrar certos aspectos da verdade. O Espírito Santo foi dado para nos guiar a toda a verdade, mas ele não faz isso de uma só vez.

# Deus presta atenção?

## 10

>  Saberás que vem o Senhor,
> não pelo rufar de tambor,
> nem por seu ar de jactância,
> nem pompa nem circunstância,
> nem por seu manto ou coroa.
> Verás sua presença e sua luz
> pela santa harmonia
> que sua vinda em ti produz.[10]

Nos dias que se seguiram à nossa conversa na Lagoa, orei por essa santa harmonia. Parecia impossível que a torrente de paixão pudesse ser conduzida ao tranquilo rio dos propósitos de Deus para Jim ou para mim, mas, de toda forma, eu orava por isso.

Sentamos na grama, perto do lago, e conversamos sobre como cada um sofria com a questão da solteirice, sabendo que nossas chances de encontrar um companheiro no trabalho missionário eram estritamente limitadas. Jim disse que não tinha

---

10 Anônimo.

a menor intenção de procurar por uma. Ele havia encontrado aquela que queria.

"Se eu me casar, sei com quem será. Isso, claro, se ela me quiser." E abriu seu famoso sorriso. Eu sorri de volta. Ele se apressou em acrescentar: "Mas não estou pedindo-a em casamento. Não posso fazer isso, Bett, e você tem de entender. Não posso pedi-la em casamento, nem posso pedir que se comprometa com nada. Não posso sequer pedir para você esperar. Eu entreguei você e todos os meus sentimentos por você a Deus. Ele terá de fazer acontecer o que quer que seja a sua vontade".

Isso seria possível? Minha mente estava cheia de perguntas. Eu agradecia a Deus por um homem que o colocava em primeiro lugar. Eu jamais ficaria muito animada com alguém cuja fome espiritual não fosse semelhante à minha. Mas Jim não era apenas espiritual. Ele era muito físico. Ele tinha a constituição de um lutador — pescoço forte, peito largo, braços e pernas musculosos. Ele tinha cabelos castanhos, pele clara, olhos azuis, dentes bonitos e um belo queixo quadrado.

"Estou faminto por você, Bett", dissera ele. Ele não era dado a rodeios. "Somos semelhantes em nosso desejo por Deus. E fico feliz por isso. Mas também somos diferentes. Eu tenho o corpo de um homem e você tem o corpo de uma mulher e, francamente, eu quero você. Mas você não é minha."

Eu não era dele, mas, sim, de Deus. Isso estava bem claro. Mas o que Deus faria a esse respeito? Acaso ele se importava com a situação daqueles dois jovens universitários? Será que a nossa causa havia escapado à sua atenção? Acaso ele se incomodaria conosco, estando ocupado com sabe-se lá quantos mundos?

### *Deus presta atenção?*

Quem na concha de sua mão mediu as águas
e tomou a medida dos céus a palmos?
Quem recolheu na terça parte de um efa o pó da terra
e pesou os montes em romana
e os outeiros em balança de precisão? [...]
Acaso, não sabeis? Porventura, não ouvis?
Não vos tem sido anunciado desde o princípio?
Ou não atentastes para os fundamentos da terra?
Ele é o que está assentado sobre a redondeza da terra,
cujos moradores são como gafanhotos; [...]
Levantai ao alto os olhos e vede.
Quem criou estas coisas?
Aquele que faz sair o seu exército de estrelas, todas bem-contadas,
as quais ele chama pelo nome;
por ser ele grande em força e forte em poder,
nem uma só vem a faltar (Is 40.12, 21, 22, 26).

Nem uma estrela, nem um planeta, nem um meteorito ou quasar, não, nem mesmo um buraco negro ou uma anã negra vem a faltar. Deus os criou. Ele conhece seus nomes, sabe exatamente a que lugar pertencem. Será que ele se mantém informado a nosso respeito?

Por que, pois, dizes, ó Jacó,
e falas, ó Israel:
O meu caminho está encoberto ao Senhor,
e o meu direito passa despercebido ao meu Deus?

Não sabes, não ouviste
que o eterno Deus, o Senhor, o Criador dos fins da terra,
nem se cansa, nem se fatiga?
Não se pode esquadrinhar o seu entendimento.
Faz forte ao cansado
e multiplica as forças ao que não tem nenhum vigor.
Os jovens se cansam e se fatigam,
e os moços de exaustos caem,
mas os que esperam no Senhor renovam as suas forças,
sobem com asas como águias,
correm e não se cansam,
caminham e não se fatigam (Is 40.27-31).

# Dores jorrando

## 11

1º de junho de 1948 — Quando o sol raiou, enviei a cópia de um poema a Jim.

2 de junho — "a poeira das palavras é enfadonha" (Jim).

3 de junho — Jim me deu um lindo hinário com capa de couro e a seguinte inscrição na folha de rosto: "Para Betty, 'Cantarei com o espírito, mas também cantarei com o entendimento. [...] Falando entre si com [...] cânticos espirituais, cantando [...] dando graças [...]' (1Co 14.15; Ef 5.19-20, NVI). Que ele nos mostre mais 'τὰ περὶ ἑαυτοῦ' (Lc 24.27). Jim".

4 de junho — Terrivelmente difícil de estudar. Não consegui dormir. Mal consegui tomar café da manhã.

Em 6 de junho, Jim escreveu estes versos:

Ó, Senhor, contra este peito que explode
de sentimentos contorcidos e fervilhantes,
paixões a atacar, desejos a recuar,
dores jorrando do homem interior,
Ergue tu as fortes muralhas, feitas do material

do qual teu Filho foi formado.
Sim, constrói em mim os reforçados
bastiões da fé.
Eles hão de resistir ao fluxo corrosivo
da maré do egoísmo,
e me farão suportar este ataque tardio,
eu oro, em nome de Jesus.

Na noite seguinte, fizemos uma longa caminhada e conversamos sobre os "códigos" que cada um de nós havia construído. O de Jim baseava-se em Mateus 19.12: "Porque há eunucos de nascença; há outros a quem os homens fizeram tais; e há outros que a si mesmos se fizeram eunucos, por causa do reino dos céus. Quem é apto para o admitir admita". Jim se colocava na última categoria. Ele estava pronto para renunciar ao casamento se isso fosse necessário, no seu caso, para obedecer a Deus. Até onde ele sabia, seria capaz de aceitar essa condição, pelo menos por um algum tempo. Meu código vinha de Isaías 54.5: "Porque o teu Criador é o teu marido; o Senhor dos Exércitos é o seu nome"; e de 1 Coríntios 7.34-35: "Também a mulher, tanto a viúva como a virgem, cuida das coisas do Senhor, para ser santa, assim no corpo como no espírito; a que se casou, porém, se preocupa com as coisas do mundo, de como agradar ao marido. Digo isto em favor dos vossos próprios interesses; não que eu pretenda enredar-vos, mas somente para o que é decoroso e vos facilite o consagrar-vos, desimpedidamente, ao Senhor".

## *Dores jorrando*

Nenhum cristão deve considerar fora do âmbito de possibilidades que essa seja sua missão. Os clamores devem ser levados em conta. Jim e eu ficamos surpresos quando descobrimos que nossos pensamentos pareciam coincidir nesse assunto, como em tantos outros. Advertimos um ao outro sobre os riscos de sermos movidos por essa coincidência. Há mais pecados que são justificados sob uma alegada coincidência ("era para ser assim") do que este mundo pode supor — ou pelo menos admitir. Decidimos que a melhor coisa a fazer seria orar com firmeza e esperar pacientemente até Deus aclarar o caminho.

# Modo de espera

Comecei a aprender a esperar. Para a maioria de nós, esperar com paciência não é algo natural, embora muito se fale a esse respeito na Bíblia. É uma disciplina importante para quem deseja aprender a confiar.

9 de junho de 1948 — "Guia-me na tua verdade e ensina-me, pois tu és o Deus da minha salvação, em quem eu espero todo o dia".

Salmos 25.5

Esperar no Senhor é ficar perfeitamente imóvel. [...] Podemos nós dois confiar em suas palavras: "Porventura, não está convosco o Senhor, vosso Deus, e não vos deu paz por todos os lados? [...]".

1 Crônicas 22.18

Ontem à noite, li o capítulo 43 de *Windows* [Janelas], de Amy Carmichael: "Lugares ermos de solidão [...] um deserto cujos ventos escaldantes arrastam as areias brilhantes. Mas o que é tudo isso para ele? Ali mesmo, ele pode nos refrescar; ali mesmo, ele pode nos renovar".

Foi na noite desse mesmo dia, 9 de junho, que Jim e eu caminhamos por um cemitério e nos sentamos em uma lápide de pedra. Eu lhe disse que achava que, se começássemos logo a trocar muitas correspondências, isso não nos ajudaria muito a discernir a direção de Deus. Não faria mais sentido "ir com calma"? Não que usássemos essa expressão naquela época, mas o sentido é o mesmo. Tanto a distância como o silêncio poderiam oferecer uma perspectiva capaz de nos ajudar a enxergar toda aquela situação de uma forma mais fria e racional.

Jim considerou essa ideia por alguns minutos. Em seguida, falou sobre a história que havia lido em seu estudo bíblico naquela manhã — a história de como Abraão oferecera o que tinha de mais precioso em sua vida: Isaque, seu filho. "Então, eu ponho você sobre o altar", disse ele.

Lentamente, percebemos que a lua, a qual se erguera atrás de nós, projetava entre nós a sombra de uma cruz de pedra que havia na lápide.

Ficamos em silêncio por um longo tempo, refletindo sobre aquele sinal inegável. O que Abraão fez foi o antigo prelúdio para a plena revelação do amor de Deus. A prontidão para entregar seu filho e as recompensas prometidas como consequência... Mais uma vez, a verdade central da cruz nos era trazida de um modo estranho e misterioso. Quando o silêncio ficou pesado, Jim disse: "E o que vamos fazer com as cinzas?". O tempo haveria de mostrar.

## Modo de espera

Recentemente, uma garota me escreveu: "Parece que tempo e paciência são elementos fundamentais para seguirmos o caminho que temos em mente. Penso com grande admiração no fato de que você e seu primeiro marido esperaram tanto tempo, buscando obedecer tão zelosamente ao Senhor, e me pergunto, carecendo de um conhecimento mais profundo, se isso é o que é necessário".

Eu não poderia dizer-lhe que o mesmo tempo de espera seria exigido dela. Ela teria de tomar sobre si o jugo de Cristo e aprender com ele. Mas eu sei que esperar em Deus requer a disposição de suportar a incerteza, de carregar para dentro de si a pergunta sem resposta, de elevar o coração a Deus sempre que essa questão se intromete em seus pensamentos. É fácil convencer-se a tomar uma decisão que não tem permanência — mais fácil, às vezes, do que esperar com paciência.

> Somente em Deus, ó minha alma, espera silenciosa;
> dele vem a minha salvação.
> Só ele é a minha rocha, e a minha salvação,
> e o meu alto refúgio; não serei muito abalado. [...]
> Confiai nele, ó povo, em todo tempo;
> derramai perante ele o vosso coração;
> Deus é o nosso refúgio (Sl 62.1, 2, 8).

Um teto sobre nossas cabeças. Uma sebe. Um quebra-vento. Um agasalho acolhedor. Um refúgio contra o medo de perder essa preciosidade chamada amor, o medo de uma vida solitária, longe da única pessoa que eu acreditava poder amar.

Um refúgio contra as investidas e os ataques, as dúvidas sobre se Deus, de fato, cuidaria de tudo se eu simplesmente confiasse nele — e se ele não cuidasse?

Esperar *em silêncio* é a coisa mais difícil de todas. Eu estava morrendo de vontade de falar com Jim e sobre Jim. Mas nós devemos aprender a silenciar sobre aquelas coisas que sentimos mais profundamente, pelo menos até que tenhamos falado exaustivamente a respeito delas com Deus.

Em *Idylls of the King* [Idílios do rei], quando o Rei Arthur pergunta a Sir Bors se ele vira o Santo Graal, Bors responde: "'Não me perguntes, pois dele não posso falar; eu o vi'; e havia lágrimas em seus olhos".

Em seu Evangelho, Lucas nos conta que, quando Jesus vinha ensinando no templo todos os dias, retirava-se todas as noites para o Monte das Oliveiras (Lc 21.37). As palavras que ele tinha para o povo resultavam do silêncio prolongado naquela colina tranquila, longe da cidade, sob as estrelas silentes.

Três dias antes de minha formatura, Jim e eu passamos a tarde em um pequeno parque em Glen Oak, Illinois. Conversamos muito pouco, aproveitamos o sol, as flores, o lago, os pássaros e os insetos. Tenho certeza de que meu coração estava fervilhando de coisas que eu queria dizer (coisas como: "Eu o amo, não posso viver sem você. Como você pode fazer isso comigo? Não consigo suportar", e todas as outras frases desesperadas que as mulheres sempre querem dizer). Eu me contive, mas isso era tudo que eu podia fazer. Tenho certeza de que foi bom me conter. "Nunca perca a oportunidade de ficar de boca fechada", essa é uma boa regra e está em harmonia com as

## Modo de espera

Escrituras: "Até o estulto, quando se cala, é tido por sábio" (Pv 17.28). "O homem que fala demais enfrenta seus desertos" (Pv 19.7, tradução livre); e "No muito falar não falta transgressão, mas o que modera os lábios é prudente" (Pv 10.19). Naquela tarde, descobrir nossa apreciação mútua pelo sol, o lago e os pássaros foi, para nós, um tipo seguro de comunicação. O tempo de Deus para novas revelações do coração podia chegar mais tarde. O amanhã não era da nossa conta; pertencia a Deus. A disciplina do dia era deixar o amanhã nas mãos de Deus, e isso era suficiente.

"Você acha que Deus vai me deixar saber, de uma vez por todas, se vai me conceder um marido? Estou em um modo de espera, ao que parece, e gostaria de saber quanto tempo isso vai durar." Isso vem de uma carta que recebi em 1982, mas poderia ter sido escrito por mim em 1948. Era exatamente assim que eu me sentia. "Se apenas Deus me permitisse saber..." Mas havia, claro, a possibilidade de que ele não fosse me conceder um marido. Será que eu queria realmente saber *disso*? Estava pronta para isso? Talvez fosse melhor ter esperança do que ficar sabendo. O "modo de espera" parece descrever um aspecto bem importante da paciência em Deus. Muitos de nós que viajamos de avião já passamos por isso. O voo está quase acabando, o avião iniciou sua descida em direção à cidade de destino, quando, então, você o sente subir novamente, inclinar-se e começar a voar em círculos. Um anúncio vem da cabine: "Senhoras e senhores, aqui fala o capitão. Devido ao intenso tráfego de pouso, a torre nos pôs em modo de espera". As pessoas reclamam. Os bebês choram. Você olha pela janela e enxerga o mesmo cenário que vira quinze minutos antes. Você pensa na pessoa que está à sua espera no aeroporto. Olha para o relógio e tenta imaginar o que acontecerá se conseguir chegar a tempo da conexão ou do seu compromisso. Espera o capitão dizer exatamente quanto tempo levará até o pouso. Quanto tempo ficaremos voando em círculos?

Em seu *Quiet Talks on Prayer* [Conversas secretas sobre oração], S. D. Gordon descreve o que significa esperar:

>Constância, que é manter-se firme;
>paciência, que é manter-se parado;
>expectativa, que é manter a cabeça erguida;
>obediência, que é manter-se pronto para avançar ou agir;
>atenção, que é manter-se silente e tranquilo, a fim de ouvir.

*Quanto tempo, Senhor, devo esperar?*
Não importa, filha. Confia em mim.

# Material para sacrifício

## 13

Ainda faltavam alguns dias para que Jim e eu nos separássemos. Minha família veio para minha formatura e eu tinha de escolher entre ir com eles a diversos eventos ou sair para caminhar com Jim. Algumas vezes, a família venceu. Outras vezes, quem venceu foi Jim. Mais uma ida à Lagoa. "Será difícil", disse ele. "Mais difícil do que conseguimos imaginar." Então, na noite seguinte, um domingo, não houve tempo para uma longa caminhada até a Lagoa. Fomos apenas a um gramado perto do *campus*, onde nos sentamos em um cobertor, enquanto o orvalho caía e desfazia meu penteado. "Uau, como seu cabelo ficou liso!", disse ele, justamente quando eu torcia para que não notasse. Acho que aquela noite foi a primeira vez que Jim tocou em mim. Passou as costas do dedo pela minha face. Um pequeno gesto, grande em significado. Mais tarde, eu me lembraria desse gesto milhões de vezes.

Naquele dia, os versículos do devocional *Luz diária* foram: "Tudo o que pode suportar o fogo fareis passar pelo fogo" (Nm 31.23); "o Senhor, vosso Deus, vos prova, para saber se amais o Senhor, vosso Deus, de todo o vosso coração e de toda

a vossa alma" (Dt 13.3); "tu, ó Deus, nos provaste; acrisolaste-
-nos como se acrisola a prata" (Sl 66.10). A pureza custa caro.
Não havia como escapar. Parecia que todo o livro que eu abria
me fazia lembrar o mesmo princípio espiritual.

> Para você, o que tem sido como a água do poço de
> Belém nestes dias? Amor, amizade, bênção espiritual?
> Então, pondo a sua alma em risco, você persegue tais
> coisas para a sua própria satisfação. Porém, se você fizer isso, não poderá derramá-las como libação ao Senhor. Como poderei derramar por libação dons espirituais, amizade natural, amor? Como posso entregá-los
> ao Senhor? De uma única maneira: na determinação
> da mente, o que leva apenas cerca de dois segundos.
> Se eu me apegar a bênçãos espirituais ou amizade, elas
> me corromperão, não importa quão belas sejam. Tenho
> de derramá-las diante do Senhor, entregá-las a ele em
> minha mente, embora pareça que as estou desperdiçando, assim como Davi derramou a água na terra, que
> instantaneamente a absorveu.[11]

Chambers se refere à história do repentino desejo de
Davi, quando estava se escondendo de seus inimigos na caverna de Adulão, por um copo de água retirada do poço de
Belém. Três de seus homens arriscaram a vida para irromper
no acampamento dos filisteus e conseguir a água para ele. Davi

---

11 Oswald Chambers, *My Utmost for His Highest*.

## Material para sacrifício

a derramou no chão, recusando-se a "beber o sangue" de seus homens (2Sm 23).

Deus nos concede material para sacrifício. Às vezes, o sacrifício faz pouco sentido para os outros; porém, quando oferecido a Deus, sempre é aceito. Qual era o "sentido" de Deus pedir a Abraão o sacrifício de seu filho amado, Isaque? Com frequência, essa história tem sido atacada como "pagã" e grosseiramente mal interpretada. Nossas ofertas a Deus podem, muito provavelmente, ser vistas como desprovidas de sentido ou até mesmo fanáticas, mas ele as recebe. Jesus recebeu o precioso bálsamo da mulher que o adorava, embora os convivas considerassem aquilo um tolo desperdício. Essa é uma lição que eu entendia muito vagamente em 1948, mas que tem ficado cada vez mais clara à medida que prossigo em minha caminhada com Deus. Tenho buscado explicá-la algumas vezes a pessoas que se sentem solitárias e anseiam por amor. "Ofereça isso a Jesus", aconselho. A própria solidão é material para sacrifício. Os próprios anseios podem ser oferecidos a Deus, que tudo conhece. Somente quando colocamos a oferta em suas mãos, ele a transforma em algo que pode usar para o bem de outros.

O que ele fará com essas ofertas? Não importa; ele sabe o que fazer.

❖

A formatura foi pela manhã. À tarde, Jim me levou até a estação ferroviária em Chicago para pegar o *Texas Chief*. Eu queria que ele passasse por cima de tudo, que me agarrasse em um abraço de estalar as costelas, que me desse um beijo de tirar o fôlego até o trem começar a se afastar. Isso era o que uma parte de mim desejava. Mas a outra parte disse não.

Foi uma noite longa em direção a Oklahoma. Springfield, Kansas City, Wichita. Quantas paradas no caminho? Eu acordava a cada uma delas, tentando calcular a que distância me encontrava de Jim, imaginando-o em sono profundo (sonhando, talvez?) no quarto de hóspedes da casa de sua tia, onde ele passaria várias semanas antes de voltar para o Oregon. Transcrevi um poema de Alice Meynell em um caderno. Eu o recitava de vez em quando, até tê-lo memorizado:

> Seja este nosso derradeiro adeus
> firme e imponente como um arvoredo de carvalhos...
> Haja um grande olhar nos olhos meus e teus,
> feito do deslumbre dos anos antigos,
> beleza tão imensa para se perder
> em choro abundante ou lábios tremidos.

Pelo menos Jim não tinha visto o choro nem os lábios tremidos. Depois de darmos as mãos (ou de entrelaçarmos as mãos, o que seria mais preciso), ele ficou parado enquanto eu descia a plataforma, por quase toda a extensão do trem, até o vagão no qual ficava meu assento. Acenei para ele a distância, ao embarcar.

# Honra acima da paixão

Acaso a história parece estranha? Está além dos limites do que se pode crer neste início do século XXI? Se for esse o caso, talvez seja porque há nela uma concepção de honra que, em grande parte, desapareceu. Honra significa fidelidade a um sistema fixo de valores e referências. Será que ainda existe algo, mesmo na imaginação cristã, pelo qual estejamos dispostos a pagar o preço de nosso sacrifício? Será que restou algum ideal, algum objetivo inequívoco ou algum refreamento das paixões? Certamente essas coisas ainda existem por aí, mas é difícil encontrá-las. Richard Lovelace escreveu sobre isso no século XVII, em seu poema "To Lucasta, Going to the Wars" ["Para Lucasta, indo para as guerras"]:

> Não me chames inclemente
> se me retiro do claustro
> do teu seio inocente
> e para a guerra me arrasto. [...]
> Não poderia amar-te assim
> se à honra não amasse mais.

Escrevo na esperança de que aqueles que conhecem o significado da honra se alegrem ao ver que não estão inteiramente sós. Talvez eles se sintam encorajados ao descobrir que, mesmo nas últimas décadas, permanecem aqueles que reconhecem a existência de algo muito maior que as próprias paixões, embora o mundo em geral não pareça dar importância a isso. A maioria das pessoas sacrifica qualquer coisa — segurança, honra, a própria dignidade, o bem-estar das pessoas amadas, obediência a Deus — no altar da paixão. Elas até dizem a si mesmas que estão obedecendo a Deus (ou, pelo menos, que ele não se importa) e se felicitam por serem tão livres, tão soltas, tão corajosas e tão honestas, e "de terem a mente aberta".

Quanto maior o potencial para o bem, maior o potencial para o mal. Foi isso que Jim e eu descobrimos na força do amor que sentíamos um pelo outro. Uma boa dádiva e um dom perfeito, esses desejos naturais. Por isso mesmo, é ainda mais necessário que eles sejam contidos, controlados, corrigidos e até mesmo crucificados, para que possam renascer em poder e pureza para Deus.

Acho que nunca falamos sobre honra como um conceito. Jim me honrava como mulher; eu o honrava como homem. Enxergávamos a diferença, é claro. Com bastante nitidez, enxergávamos, sentíamos e nos maravilhávamos com a diferença entre um homem e uma mulher. Um sistema fixo de valores e referências nos mantinha separados, cada um segurando o outro em reverência àquele a quem pertencíamos. Nós éramos dele, todos os direitos eram dele. Dele, eram todas as prerrogativas de dar ou reter segundo o padrão de sua vontade, a qual ainda permanecia um mistério para nós. Suponho que, mesmo entre aqueles que mantêm o mesmo sistema de valores, poucos precisam passar por um processo tão prolongado e tão primorosamente cauteloso. Talvez a maioria aprenda suas lições com mais facilidade do que nós. Eu não sei. Para nós, esse era o caminho que tínhamos de percorrer — e nós o percorremos. Jim entendia que era seu dever me proteger, e eu entendia que o meu era esperar em silêncio, e não tentar cortejá-lo ou seduzi-lo.

As restrições do amor piedoso são belamente expressas por Christina Rossetti:

> Creia-me, não mereço esta censura —
> Como pedes, amo a Deus precipuamente;
> houvesse de escolher, olvidar-te-ia,
> sem da mulher de Ló o infiel olhar
> apegado, ainda, ao que propôs deixar.
> Digo-o sabendo o que me custaria,
> embora seja a ovelha mais doente
> das que Cristo pastoreia com ternura.
> Por tanto amar a Deus, contudo, entendi
> que não consigo amar-te em exagero;
> permita-me amar-te, amando a Deus além;
> tal é o amor que — assim o considero —
> não amasse a Deus, não teria amor por ti,
> nem sei mais amá-lo sem amar-te também.[12]

---

[12] Christina Rossetti, "A Sonnet of Sonnets, nº 6".

# Pequenas mortes

## 15

A Universidade de Oklahoma, onde estudei Linguística, possui um estádio enorme. Como nada acontecia por lá durante o verão, muitas vezes eu subia até a fileira mais alta das arquibancadas, após o jantar, para aproveitar qualquer brisa que soprasse após o calor escaldante do dia e para assistir àqueles sensacionais pores do sol de Oklahoma. Era um ótimo lugar para ficar sozinha para pensar, ler e orar.

Mas fiquei perplexa ao descobrir que não conseguia mais pensar, ler ou orar, exceto quando o assunto era Jim Elliot. Ele despontava em cada pensamento, em cada versículo que eu lia e em tudo o mais. Ele se intrometia na morfologia, na sintaxe e na fonética que eu tentava enfiar na cabeça. Ele me distraía de minhas orações. Ainda bem que o Senhor tem compaixão dos que o temem, conhece nossa estrutura e se lembra de que somos apenas pó. Deus nos amava, sabia exatamente como amávamos um ao outro e usava até mesmo nossos caminhos tortuosos para nos levar de volta para casa. Certa vez, alguém mencionou que a pior dor de dente do mundo é aquela que você está sentindo neste exato momento. As agonias do amor podem parecer bobagem quando comparadas a outros males, mas aquele que está doente de amor está, de fato, doente, e o Pai Celestial compreende isso. Ele nos conduz firmemente pelo caminho até à glória, se o mais íntimo do nosso coração estiver no seu reino, se não formos aqueles que Salmos 78.8 descreve como "geração de coração inconstante, e cujo espírito não foi fiel a Deus".

3 de julho — Salmos 44.18-19: "Não tornou atrás o nosso coração, nem se desviaram os nossos passos dos teus caminhos, para nos esmagares onde vivem os chacais e nos envolveres com as sombras da morte".

Eu espero.
Querido Senhor, teus caminhos
não se podem esquadrinhar,
teu amor é sobremodo elevado.
Oh! Mantém-me quieta
na sombra de tuas asas.
Basta-me que tu
resplandeças a luz
do teu rosto.
Eu espero,
pois tu me ordenas
a fazê-lo. Minha mente
vagueia sem direção.
Minha alma pergunta: "Por quê?".
Mas, então, vem a palavra suave:
"Espera tão somente
em Deus".

## Pequenas mortes

E, assim, não é pela luz
que me mostra o passo seguinte,
mas é por ti, querido Senhor,
que eu espero.

Bert, o irmão de Jim, estudava na universidade comigo. Às vezes, na capela, eu olhava de relance para sua silhueta — tão parecida com a de Jim. Depois do jantar, revezávamo-nos tocando piano e ensinando um ao outro nossos hinos favoritos no refeitório. Ele cantava como Jim — com vigor, sem vergonha, uma bela voz masculina sem afetação. Sua presença era um lembrete constante de Jim.

"Quando a vontade de Deus cruza a vontade do homem", disse Addison Leitch, "alguém tem de morrer". A vida requer incontáveis "pequenas" mortes — ocasiões em que temos a chance de dizer *não* a nós mesmas e *sim* para Deus. O apóstolo Paulo disse: "Porque nós, que vivemos, somos sempre entregues à morte por causa de Jesus" (2Co 4.11). Não significa que tudo em nossa vida seja perverso e digno de morte em si mesmo. Não era isso que Jesus queria dizer ao orar: "Não seja feita a minha vontade...". Era impossível haver qualquer elemento perverso em sua vontade, por menor que fosse. Mas ali ele estava escolhendo abrir mão de tudo — o bem que havia feito e o bem que poderia fazer, se lhe fosse permitido continuar vivo — por amor a Deus. A mesma escolha nos é oferecida. Ver a silhueta de Bert e ouvi-lo cantar; contemplar meus colegas de universidade alcançando a bem-aventurança do casamento; evocar na memória a doce angústia daquelas horas junto à Lagoa; imaginar o rosto de Jim quando nos despedimos na Union Station — todas essas eram apenas "pequenas mortes", mas as pequenas mortes têm de ser experimentadas, tanto quanto as grandes. Cada lembrança que despertava saudade tinha de ser oferecida.

Mas há um grande *porém*: não devemos morrer apenas para ficarmos mortos. Deus não iria querer isso para criaturas a quem deu o fôlego da vida. *Nós morremos com o propósito de viver.*

Um grão de trigo cai na terra escura e morre. De sua morte, nasce vida multiplicada. Como são Francisco orou: "É dando que se recebe; é perdoando que se é perdoado; é morrendo que se vive para a vida eterna".

É preciso ter fé para crer nisso, assim como um agricultor precisa de fé para plantar uma semente. É preciso ter fé para viver por isso, fé para agir de acordo com isso, fé para manter os olhos fitos no jubiloso final da história. A falta de fé aqui certamente conduz ao ressentimento e, por fim, à depressão. A destruição será cada vez maior.

# Morte que produz vida

## 16

4 de julho, Oklahoma — Passei mais uma daquelas longas e gloriosas noites ao pôr do sol, no alto do estádio. Ali, em oração e meditação, aprendi três coisas.

1. Havia um pequeno pedaço de arco-íris — apenas uma das pontas entre as nuvens — e eu sabia que era para mim. Era uma promessa de coisas boas. Não conseguia avistar a outra extremidade nem o grande arco arrebatador acima das nuvens que me sombreavam, mas conseguia ver aquele pedacinho e sabia que ele falava da fidelidade divina, pois aquele que prometeu é fiel.

2. Então, vieram algumas nuvens de puro ouro. Não havia nada que tornasse aquelas nuvens douradas — apenas névoa. Tampouco há, nas nuvens da minha vida, algo que as faça brilhar — talvez uma névoa de lágrimas, nada mais. Mas o sol resplandeceu sua luz. O Senhor fez brilhar sobre mim a luz de seu

rosto; ele foi gracioso comigo e me deu paz no pôr do sol daquele entardecer.

3. Ele me deu estas palavras: "[...] se o grão de trigo, caindo na terra, não morrer, fica ele só; mas, se morrer, produz muito fruto" (Jo 12.24). Assim era com nosso pequeno grão de possibilidade. Tão pequeno, mas enterrado. E eu pedi a Deus que o regasse, naquela sua escuridão, e produzisse fruto daquela coisa morta. Que fruto ele produziria? Ah! Se de uma semente tão pequena ele ao menos criasse em mim os frutos do Espírito, nem que fosse o princípio deles: amor, alegria, paz, longanimidade, benignidade, bondade, fidelidade, mansidão, domínio próprio.

Ó Grande Provedor da Colheita,
mostra-nos a lavoura, a áurea colheita por vir
do grão de trigo que [nós] enterramos aqui.[13]

Amy Carmichael,
*"Toward Jerusalem"* [Rumo a Jerusalém]

5 de julho. Hoje à noite, o pôr do sol está num tom rosa-dourado e orquídeo. Finas camadas de nuvens se estendem pelo oeste, todas douradas. Aqui sentada, acabei de ler os Salmos 56 e 57: "Pois a tua misericórdia se eleva até aos céus, e a tua fidelidade, até às nuvens. Sê exaltado, ó Deus, acima dos céus; e em toda a terra esplenda a tua glória".

---

13 Amy Carmichael, *Toward Jerusalem* (Fort Washington, Pennsylvania: Christian Literature Crusade, Inc., 1961), 95.

## *Morte que produz vida*

> Tal misericórdia me impressiona. Lamento não me lançar com mais fervor na vontade de Deus... Hoje, ocorreu-me este pensamento: e se Deus me pedir para esperar cinco anos? Fico atordoada só de pensar. Contudo, eu poderia imaginar que a misericórdia de Deus, a qual se estende sobre mim de eternidade a eternidade, se esgotaria em cinco anos?

Somente quando se está vivendo no meio desses cinco anos, ou qualquer que seja o período, é que se consegue facilmente ler livros espirituais como nada mais do que livros espirituais, sem estabelecer qualquer relação com a dura realidade com que estamos tentando lidar. Porém, o profundo princípio da morte que produz vida, o qual Lilias Trotter elucidou-me tão maravilhosamente em seu *Parables of the Cross* [Parábolas da cruz], tem tudo a ver com a dura realidade. Recebi conforto genuíno das lições que o arco-íris, as nuvens, as palavras sobre o grão de trigo e o pôr do sol me ensinaram lá no alto do estádio. Deus me trouxe palavras de paz em meio àquela turbulência emocional, porque isso era o que eu pedia e o que eu buscava, e porque eu ficava suficientemente quieta para ouvir.

Aqueles que tiverem ouvidos para ouvir e olhos para ver serão libertados de pesados fardos pela linguagem das árvores de outono, por exemplo, momento em que se vestem de forma tão gloriosa em preparação para a morte. O vermelho das folhas é o sinal da cruz. Segue-se o inverno, quando, então, a neve encerra tudo em um silêncio gélido. As árvores transformam-se em esqueletos, mas maravilhas estão sendo realizadas sob a superfície da terra. Chega a primavera, e as maravilhas ocultas irrompem de uma só vez — pequenos brotos, botões se abrindo, toques de verde e vermelho onde tudo parecia tão sem esperança no dia anterior. A srta. Trotter exibe a flor amarela do tojo brotando diretamente do espinho do ano anterior. Claras lições para nós, se apenas abrirmos os olhos.

Se não se permitisse que as folhas caíssem e secassem, se a árvore não consentisse em ser um esqueleto por muitos meses, nenhuma vida nova surgiria; nenhum botão, nenhuma flor, nenhum fruto, nenhuma semente, nenhuma nova geração.

Pergunto-me o que a flor e o fruto terão sido na vida de outra das minhas correspondentes. Ela estava no "inverno" ao escrever sobre "esse homem maravilhoso" que havia entrado em sua vida, dera-lhe todos os motivos para crer que era louco por ela e, depois, partira para entrar na vida de outra pessoa. Ele tinha o *disparate* de voltar, de vez em quando, para contar como sua nova namorada estava "preenchendo vazios" em sua vida que ninguém mais havia preenchido. (*Que absurdo!*, pensei. *O que acontece com a cabeça de um homem para fazer algo assim? O que acontece com uma mulher para ouvi-lo?*) A carta me dizia que ela havia tentado de tudo — sair com outras pessoas, enfurecer-se, remoer os defeitos dele... Ela havia pensado até mesmo em se tornar uma eremita. Nada dava certo. Ela ainda queria fazer parte da vida dele.

Teria sido tudo em vão? A última parte da carta mostrava sinais de primavera:

### Morte que produz vida

Ao conhecer esse homem, o Senhor me trouxe crescimento, e disso não me arrependo, embora tenha havido ocasiões em que desejei nunca tê-lo conhecido. Regularmente, sou obrigada a entregá-lo ao Senhor. Mais do que nunca, vivo no "tempo presente" e tenho conseguido superar o desejo atormentador de saber se "nós" vamos acabar um dia "dando certo". Já disse ao Senhor que quero ser uma serva obediente, ao que ele respondeu: "E você está disposta a enfrentar a tristeza, a dor e tudo o mais que se faça necessário para que eu a torne assim?". Mesmo me sentindo incapaz, respondi: "Que escolha eu tenho? Agora é tarde demais para deixar a peteca cair. Não há como retroceder". Eu estaria mentindo se dissesse que não estava com medo. Mas ele me trouxe até aqui e já experimento uma alegria indizível.

## O que fazer com a solidão

### 17

Separados geograficamente, dois amantes podem viver mentalmente no passado e no futuro, revivendo a felicidade de terem estado juntos e ansiando pela alegria do reencontro. É bem possível que eles desperdicem totalmente o presente. Esta carta de uma professora mostra que ela não pretendia desperdiçá-lo. Ela queria aprender com a experiência da separação e da solidão.

Estamos separados há seis meses e teremos cinco dias juntos na Páscoa, quando, então, ele deve me visitar. Depois disso, ele estará longe novamente, por mais oito meses.

Paulo lida com as coisas um passo de cada vez e, basicamente, vive um dia após o outro. Ele tem me ensinado muito. Gosto de planejar tudo com antecedência e saber exatamente para onde vou e quando vou, mesmo quando o Senhor quer que eu espere nele.

De todo modo, tenho lido o diário de Jim e aprendido muito com o que ele passou nos longos períodos de separação entre vocês. Obviamente, trata-se de um ponto de vista bem masculino, então quero saber o que se passava pela sua cabeça.

Às vezes, essa solidão interior dói demais. Não é que ninguém me ame; tenho pais maravilhosos e irmãos e irmãs muito queridos. Mas este ano tenho experimentado uma solidão como nunca senti, e sei que boa parte disso deve-se ao fato de que estou fora da faculdade e vivendo por conta própria pela primeira vez.

Como posso lidar melhor com este momento?

Anexei, à minha resposta, um pequeno folheto que escrevi intitulado *Loneliness* [Solidão]. Eis o conteúdo dele:

*Aquiete-se e saiba que ele é Deus.* Quando você está solitária, o excesso de quietude é exatamente o que parece estar destruindo sua alma. Use essa quietude para aquietar seu coração diante de Deus. Conheça-o. Se ele é Deus, ainda está no comando. *Lembre-se de que você não está sozinha.* "O Senhor é quem vai adiante de ti; ele será contigo, não te deixará, nem te desamparará; não temas, nem te atemorizes" (Dt 31.8). Jesus prometeu aos seus discípulos: "E eis que estou convosco todos os dias" (Mt 28.20). Não importa se você não consegue sentir a presença dele. Ele está lá e não se esquece de você por um momento sequer.

## O que fazer com a solidão

*Dê graças.* Nos momentos de maior solidão, tenho sido encorajada pela promessa de 2 Coríntios 4.17-18: "Porque a nossa leve e momentânea tribulação produz para nós eterno peso de glória, acima de toda comparação, não atentando nós nas coisas que se veem, mas nas que se não veem". Isso é um motivo para agradecer a Deus. A própria solidão, que parece pesada, é leve e momentânea se comparada à glória.

*Rejeite a autocomiseração.* Rejeite-a por completo. É algo mortal que tem poder para destruí-la. Volte seus pensamentos para Cristo, que já levou sobre si suas dores e seus sofrimentos.

*Aceite sua solidão.* É uma etapa, e apenas uma etapa, em uma jornada que conduz você a Deus. Não vai durar para sempre.

*Ofereça sua solidão a Deus*, como aquele rapaz ofereceu a Jesus seus cinco pães e dois peixinhos. Deus pode transformá-la para o bem de outrem.

*Faça algo por outra pessoa.* Não importa quem você seja ou onde esteja, há algo que você pode fazer, há alguém que precisa de você. Ore para que você seja um instrumento da paz de Deus, para que, onde houver solidão, você seja capaz de trazer alegria.[14]

---

14 Elisabeth Elliot, *Loneliness* (Gloucester, Massachusetts: Open Church Foundation).

O importante é receber a experiência deste momento de braços abertos. Não a desperdice. "Onde quer que você esteja, esteja plenamente lá", escreveu Jim certa vez. "Viva plenamente todas as situações que você acredita serem a vontade de Deus."

É uma linda noite de luar, mas eu estou só. Devo me ressentir do próprio luar porque meu amado não está aqui comigo?

Um agradável jantar à luz de velas com amigos — todos casais, exceto eu. Passarei a noite mal-humorada porque eles estão juntos e eu estou desacompanhada? Terei sido "trapaceada"? Quem me trapaceou?

O telefone toca. Ah! Talvez seja ele! É um vendedor de lâmpadas. Posso ser rude só por achar que deveria ser outra pessoa?

Na caixa de correio, uma carta que (finalmente) não parece ser publicidade nem mais uma conta para pagar. Agarro-a ansiosamente. É da tia Susie. Devo deixá-la de lado com desprezo?

Conheço bem esse tipo de reação. Passei por isso muitas vezes. Certa vez, algo que escrevi para Jim deve ter revelado meu ressentimento, pois ele retornou: "Não deixe nossa saudade arruinar o apetite de nossa vida". Era exatamente o que eu havia deixado acontecer.

Tenho certeza de que, em determinados momentos, se alguém houvesse tentado falar comigo sobre a felicidade do céu, eu teria virado as costas, bufando. O doloroso era saber que outras pessoas tinham não apenas o céu para olhar, mas também "tudo isso e o céu também", sendo "isso" um noivado ou um casamento. Eu era cobiçosa. Quando o apóstolo Paulo escreveu aos cristãos de Roma sobre a feliz certeza do céu, ele seguiu dizendo: "Isso não significa, claro, que temos apenas a esperança de alegrias futuras — podemos estar cheios de alegria aqui e agora, mesmo em nossas tribulações e problemas" (Rm 5.3).[15]

Será que, até mesmo nos momentos em que me sinto mais sozinha — naquela noite de luar, no meio do jantar à luz de velas, quando o telefonema e a carta não chegam —, posso estar "cheia de alegria, aqui e agora"? Sim. Uma vez que isso é o que a Bíblia diz, não é apenas verdade, mas também algo possível — e possível para mim.

> Encaradas com o espírito apropriado, essas mesmas coisas nos darão paciente perseverança, o que, por sua vez, desenvolverá um caráter maduro, e um caráter desse tipo produz uma firme esperança, uma esperança que nunca nos desapontará (Rm 5.4).[16]

*Encaradas com o espírito apropriado.* Essas são as palavras decisivas. A cadeira vazia, a caixa de correio vazia, a voz errada ao telefone, nada disso tem em si uma magia particular capaz de produzir um caráter maduro em uma mulher ou um homem solitário. Nunca produzirão uma esperança consistente. De modo nenhum. O efeito dos meus problemas não depende da natureza dos problemas em si, mas de como eu os recebo. Posso recebê-los de braços abertos, em fé e aceitação, ou posso

---

15 N.T.: A autora cita a paráfrase de J. B. Phillips. Tradução livre.
16 N.T.: Idem.

me rebelar e rejeitá-los. Se eu me rebelar e rejeitá-los, eles produzirão algo bem diferente de um caráter maduro, algo de que ninguém vai gostar.

Veja as opções:

> rebelião — se essa é a vontade de Deus para mim agora, então ele não me ama.
> rejeição — se isso é o que Deus está me dando, não aceitarei nem um só pedaço disso.
> fé — Deus sabe exatamente o que está fazendo.
> aceitação — ele me ama; ele planeja coisas boas para mim; vou ficar com isso.

As palavras "cheios de alegria aqui e agora" dependem das palavras "encaradas com o espírito apropriado". Você não pode ter uma coisa sem a outra. Encarada com um espírito de confiança, até mesmo a solidão contribui para o amadurecimento do caráter; até mesmo a experiência da separação, do silêncio e — a mais difícil de todas — da incerteza pode construir em nós uma esperança consistente.

# O que a Providência foi lá e fez

18

Em 1887, Mark Twain estava em Nova York, esperando sua esposa, Livy, chegar de Hartford para jantarem juntos e depois passarem uma semana em Washington. Uma nevasca a impediu. Twain escreveu:

> E assim, depois de todo o meu esforço e persuasão para que você finalmente prometesse tirar uma semana de férias e sair comigo para nos divertirmos, foi isso que a Providência foi lá e fez a esse respeito. Bastaria um simples *pedido* para você ficar em casa; mas não, isso não é grande o suficiente, pitoresco o suficiente — o plano é uma nevasca: derrame toda a neve estocada, libere todos os ventos, faça parar o continente inteiro; essa é a ideia da Providência sobre a maneira correta de estragar a brincadeira de alguém. Coitado de mim! Se eu soubesse que isso causaria todos esses problemas e custaria

todos esses milhões, jamais teria falado *sobre* você ir a Washington.[17]

As centenas de páginas de diários e cadernos que descrevem minhas próprias agonias da alma convenceriam até mesmo o leitor mais cínico de que a autora não mostrava qualquer *relutância* em fazer o que Deus queria que ela fizesse. Frequentemente confusa, ocasionalmente temerosa, às vezes patética, fanática ou desorientada, mas raramente relutante. Quase sempre determinada a obedecer, é como eu gostaria de me imaginar. Não bastaria um mero pedido de Deus para confiarmos nele? É absolutamente necessário que ele tire do campo de visão tudo o que mais prezamos? Que nos arraste para os mais severos traumas espirituais? Que nos desnude nos ventos de seu Espírito purificador, a fim de aprendermos a confiar?

Mas estou exagerando. Estou dramatizando a experiência mais ordinária. O que são essas tolas questões do coração, se comparadas a tribulações reais? Vamos falar sobre lições de confiança. Vejamos o que o apóstolo Paulo sofreu: naufrágios, fustigação, açoitamentos públicos, prisão, correntes, humilhações, fome, nudez — e tudo isso sobre um homem que, apesar de anos a fio perseguindo os cristãos, se transformara, num só instante, em um servo fiel de Deus. Parece, como disse Mark Twain, "a coisa mais estranha — o modo como a Providência governa". Santa Teresa expressou perplexidade semelhante: "Se é assim que tratas teus amigos, não causa admiração que tenhas tão poucos".

---

17 Edith Colgate Salabury, *Susy and Mark Twain* (New York: Harper and Row, 1965), 249-250.

## O que a Providência foi lá e fez

Ouça, porém, o testemunho de confiança de Paulo:

> Quem nos separará do amor de Cristo? Será tribulação, ou angústia, ou perseguição, ou fome, ou nudez, ou perigo, ou espada? Como está escrito: Por amor de ti, somos entregues à morte o dia todo, fomos considerados como ovelhas para o matadouro. Em todas estas coisas, porém, somos mais que vencedores, por meio daquele que nos amou. Porque eu estou bem certo de que nem a morte, nem a vida, nem os anjos, nem os principados, nem as coisas do presente, nem do porvir, nem os poderes, nem a altura, nem a profundidade, nem qualquer outra criatura poderá separar-nos do amor de Deus, que está em Cristo Jesus, nosso Senhor (Rm 8.35-39).

Uma declaração notável sobre o significado de fé. "Entregue à morte o dia todo" — contudo, vitorioso. Tribulações, dores, perseguições e tudo o mais — porém, "mais do que vencedor". Mas aqui está o mais impressionante: a vitória não consiste em se evadir, estar isento ou ser protegido de qualquer das coisas listadas. Paulo passou por todas elas . Ele não escapou de problemas. Ele não estava isento da desgraça humana. Deus não protegeu nem mesmo aquela pessoa importantíssima dos açoites públicos, da fome ou de qualquer outra coisa. Ainda assim, Paulo era capaz de dizer que estava conquistando a vitória por meio daquele que provou seu amor por nós. Como? Como ele provou seu amor?

*Paixão & Pureza*

Nossa visão é tão limitada que dificilmente podemos imaginar um amor que não se demonstre em nos proteger do sofrimento. O amor de Deus tem uma natureza totalmente diferente. Ele não abomina a tragédia. Jamais nega a realidade. Ele encara o sofrimento. O amor de Deus não protegeu seu próprio Filho. Essa foi a prova de seu amor — o fato de ele haver entregado tal Filho, deixando-ir até à cruz do Calvário, embora "legiões de anjos" pudessem tê-lo resgatado. Ele não necessariamente nos protegerá — não daquilo que for preciso para nos tornar semelhantes ao seu Filho. O processo envolverá muitas marteladas, cinzelamento e purificação pelo fogo.

Veja o último parágrafo do ressoante manifesto de Paulo:

"*Porque eu estou bem certo* de que nada em todo o mundo de Deus poderá separar-nos do amor de Deus, que está em Cristo Jesus, nosso Senhor".

"Nada, Paulo? Nem a morte?"

"Não, nem a morte."

"E a vida?"

"Não, nem a vida."

"Um anjo vindo do céu?"

"Nenhum anjo do céu pode fazê-lo."

"Um principado terreno?"

"Nem mesmo um principado terreno."

"E o que me acontecer hoje?"

"Não."

"E amanhã?"

"Não."

"Um poder vindo do alto?"

"Nenhum poder do alto."

"E de baixo?"

"Nenhum poder de baixo."

"Nenhuma outra coisa em todo este mundo de Deus?"

"Nada mesmo. Absolutamente nada."

"Paulo, acho que você se esqueceu de algo."

"Será?"

"A vida amorosa. Os assuntos do coração. Eu suporto os açoites, os naufrágios e a perseguição — essas são coisas que devemos suportar por Cristo. Mas e se a mulher que eu amo me desprezar? E se o homem em quem estou de olho não se dignar a olhar para mim? E se eu for rejeitada? E se...?"

"Oh! Eu não havia pensado nisso."

Você esperaria que o apóstolo desse tal resposta? Ele se esquecera de todos os horrores e armadilhas do amor. Se houvesse pensado nisso, ele não seria capaz de dizer "em todas *estas* coisas somos mais que vencedores". Ele não teria dito "nem qualquer outra criatura", teria? Ele teria de dizer: "Nem qualquer outra coisa, exceto minhas paixões, meu pobre coração partido, meu miserável azar na vida amorosa, poderá separar-me do amor de Deus". Ele deveria ter acrescentado que Deus pode dar conta das coisas grandes — Paulo tinha muitas provas disso.

Talvez as questões do coração parecessem coisas insignificantes para Paulo. Suspeito que sim. Desse modo, o que dizer delas? Será que *elas* podem colocar-nos além do amor e da redenção divinos?

O importante é que temos de aprender a confiar nas pequenas coisas, inclusive naquelas que podem parecer bobas, se havemos de ter o privilégio de sofrer nas grandes coisas. "Quem é fiel no pouco também é fiel no muito; e quem é injusto no pouco também é injusto no muito. Se, pois, não vos tornastes fiéis na aplicação das riquezas de origem injusta, quem vos confiará a verdadeira riqueza?" (Lc 16.10-11).

Anos após o fim do enredo de Jim Elliot, minha mãe me disse algo sobre meu "sofrimento" durante aqueles anos de espera. Aquilo me surpreendeu, pois, embora eu não negasse que a trilha fora um pouco acidentada, nunca pensara nela como um sofrimento. Naufrágios, açoites, dores físicas, sim, isso eu chamaria de sofrimento, mas não meu coração dolorido. No entanto, não vale a pena tentar medir o sofrimento. O que importa é usá-lo corretamente, aproveitando a sensação de vulnerabilidade que ele traz e, então, voltando seus pensamentos para Deus. Confiança é a lição. Jesus me ama, isso eu sei — não porque ele faz tudo o que eu quero, mas porque a Bíblia assim me diz. O Calvário é a prova. Ele me amou e a si mesmo se entregou por mim.

# O rebelde suspirar

## 19

Enquanto escrevia no diário, eu sabia que pintava um quadro deveras incompleto. Como ele poderia ser completo? Nem eu mesma enxergava a situação como um todo. Só Deus seria capaz de fazê-lo. E, mesmo que eu fosse capaz, como poderia expressar tudo em palavras? Aquela palavra *cinzas* vinha à minha mente com frequência, a palavra que havíamos usado naquela noite sob a cruz de pedra — uma palavra para o nada, para o vazio dolorido.

6 de julho — Esse vazio me conduz para Deus outra vez. Lembro-me do antigo hino:

> Faze-me crer que bem perto estás;
> lutas de alma com fé suportar;
> não proferir rebelde suspirar;
> em teu silêncio paciente, esperar.
>
> George Croly
> "Spirit of God, Descend upon My Heart" [Espírito de Deus, desce sobre meu coração]

Será que o fato de eu não me esquecer de Jim sugere que Deus não quer que eu me esqueça, ou será que minha própria indisposição de esquecer impediu Deus de responder à minha oração a esse respeito? Ou será que ele quer que eu me lembre — "deixar-me sentir fome" para que eu possa aprender mais plenamente a encontrar nele toda a minha satisfação? [...] Será que, numa demonstração do que Paulo chama de "culto de si mesmo", devo esmagar o botão de uma flor da criação de Deus? Não sei orar diferente; apenas "Faça-se a tua vontade".

A esperança sempre foi de que a vontade de Deus seria nos unir. Mas isso talvez não acontecesse, eu sabia, e percebi que, afinal, não aprendemos as lições espirituais mais profundas quando ele nos deixa fazer o que queremos, mas, sim, quando nos faz esperar, carregando-nos com amor e paciência até que possamos orar honestamente como ele ensinou seus discípulos: "Faça-se a tua vontade". A plena aceitação do que isso significa consiste na grande vitória da fé que vence o mundo. Na oração registrada no diário, eu pedia para ser conduzida a lugares altos. Seria essa uma resposta àquela oração? Se esse fosse o caso, eu precisava de mais graça, pois o coração e a carne são fracos.

"Entrega o teu caminho ao Senhor [...] e o mais ele fará" (Sl 37.5). Às vezes, eu tinha certeza de que "o mais" significaria casamento. Outras vezes, tinha de aceitar que aquilo significava a vontade de Deus, a qual poderia ser qualquer coisa, inclusive, claro, a virgindade permanente. Descobri que a entrega precisava ser reafirmada quase diariamente. Tratava-se do "tomar a cruz", dia após dia, de que Jesus falou. É algo difícil de se fazer? Então, faça. Tome-a de uma vez. Diga sim a Deus. Ele fará o melhor acontecer.

É desonesto dizer sim a Deus quando você realmente não sente vontade? É uma mentira dizer-lhe: "Farei a tua vontade" quando seu coração diz que você, na verdade, deseja outra coisa? Você reconhece aquele "rebelde suspirar" que o autor do hino menciona.

Essas perguntas me perturbaram muitas vezes. Mas é assim que eu enxergo agora: se você ama alguém, há muitas coisas que você fará por essa pessoa apenas por amá-la — não porque aquilo é o que você escolheria, caso o amor não entrasse em cena. O fato é que o amor entrou em cena. Portanto, em seu coração, você pode ser muito honesta ao dizer a Deus que, de fato, *prefere* fazer o que ele quer, pois, acima de seu próprio deleite, você deseja o dele. Quando a obediência a Deus contradiz o que eu acho que me dará prazer, pergunto a mim mesma se o amo. Se eu posso dizer "sim" a essa pergunta, não posso dizer "sim" para fazer o que lhe agrada? Será que não posso dizer "sim", mesmo que isso envolva sacrifício? Uma breve reflexão silenciosa há de me lembrar que dizer "sim" a Deus *sempre* conduz à alegria no final. Podemos apostar nisso sem hesitar.

Outro grande conforto que recebi durante essa longa incerteza foi o conhecimento de que estavam orando por mim; não apenas amigos e familiares, mas também — maravilha das maravilhas — o próprio Cristo, que vive sempre a interceder por nós, e o Espírito Santo, que "nos assiste em nossa fraqueza; porque não sabemos orar como convém, mas o mesmo Espírito intercede por nós sobremaneira, com gemidos inexprimíveis. E aquele que sonda os corações sabe qual é a mente do Espírito, porque segundo a vontade de Deus é que ele intercede pelos santos" (Rm 8.26-27).

Seria um caminho mais fácil se o próprio desejo simplesmente desaparecesse. Esse pensamento voltou a aparecer em meu diário e foi expresso, recentemente, na carta de uma jovem:

> Conheci um jovem na primavera e, durante o verão, comecei a sentir grande afeição por ele. Sentia que ele era o homem com quem eu poderia casar. Lembro-me de ajoelhar ao lado da cama, após nosso primeiro encontro, agradecendo ao Senhor por aquele homem e pedindo para ser a esposa dele. [...] Ele teve dificuldade em discernir onde eu me encaixava em sua vida; disse-me que eu lhe despertara certos desejos, mas que se sentia imaturo e achava melhor cortar nossa amizade. Ele já está no exterior há um ano, mas eu continuo a anelar por ele. Peço continuamente ao Senhor que me arranque esse desejo de estar com ele e de compartilhar minha vida com ele. Essa afeição é terrivelmente dolorosa. Embora eu esteja ocupada com meus estudos e com meu trabalho, meu coração ainda dói. É uma luta enorme. De todas as pessoas que conheço, sinto que é você quem pode realmente simpatizar com minha situação atual.

## O rebelde suspirar

Coitada! Sim, eu posso simpatizar, mas não sei por que ela pensou que eu seria capaz disso. Será que ela deixou transparecer ao rapaz seu entusiasmo, e isso o assustou? É possível que sua falha ao não esperar com paciência o levou a "cortar a amizade". Naquela mesma noite em que refleti no estádio sobre o arco-íris, a parte final do meu diário diz:

> A carne olha para a estrada mais larga e pensa que seria mais fácil se eu houvesse de esquecê-lo completamente ou se logo recebesse uma resposta. Salmo 57: "À sombra das tuas asas me abrigo, até que passem as calamidades. [...] ao Deus que por mim tudo executa [...] o meu coração está firme; cantarei e entoarei louvores".

Se os anseios fossem embora, o que teríamos para oferecer ao Senhor? Eles não nos são dados para os oferecermos? Precisamos controlar as paixões, não erradicá-las. Como aprenderíamos a nos submeter à autoridade de Cristo se não tivéssemos nada para submeter a ele?

Minha sobrinha Gallaudet Howard me ensinou algo importante quando tinha cerca de três anos de idade. Vendo que ela estava tendo dificuldade com as mangas, perguntei se poderia ajudá-la a colocar o vestido. "Ah, não precisa", respondeu ela. "Geralmente o papai me deixa lutar até conseguir." Que tipo de pai é esse? Um do tipo sábio. O pai dela, meu irmão Tom, também é muito sensato, ciente da importância da luta no processo de crescimento.

Descobri em meu Novo Testamento grego que 1 Pedro 5.10 poderia ser traduzido assim: "Depois de terdes sofrido por um pouco, ele mesmo há de consertar o que estava quebrado". Assim como uma criança, o espírito jamais alcançaria a maturidade, caso todas as lutas e todos os sofrimentos fossem eliminados. O Pai Celestial quer nos ver crescer.

# Autoengano

A antiga palavra para descrever aquela parte de nós que constantemente milita contra o espírito é *carne*. No entanto, a história da vida de Jesus revela que ele era um homem — de fato humano, plenamente humano. Ele era um homem de carne e osso, no sentido físico comum. Ele comia, bebia, caminhava, dormia, cansava-se, sentava-se à beira de um poço para tomar água no calor do dia. Sabemos que ele era sem pecado; por isso, temos de concluir que não havia absolutamente nada inerentemente pecaminoso no material físico do qual seu corpo era feito — ossos, músculos, tecidos, sangue. Do mesmo modo, não há nada pecaminoso em nossos ossos, músculos, tecidos ou sangue.

Então, o que milita contra a vida espiritual? Podemos ser, ao mesmo tempo, humanos e santos? Essa questão veio à tona em minhas elucubrações sobre Jim. Meu amor por ele era humano. Eu queria também que fosse — esperava e orava para que fosse — santo.

Mas há espaço para autoengano aqui. Uma garota escreveu: "Tenho vinte e um anos e sou irmã/amiga de um homem de vinte e três anos. Ambos queremos buscar a Deus com mais seriedade e consistência. Jamais estive envolvida com um homem cujo maior desejo para nosso relacionamento fosse me amar apenas com pureza e me edificar no Senhor. Aprecio muito a atitude dele, mas não sou habilidosa em lhe retribuir — e boa parte disso é novidade para mim, embora seja o relacionamento mais maravilhoso e revigorante que já tive".

A confusão surge quando você mistura palavras como *envolvida* e *relacionamento* com a ideia de amar "apenas com pureza", com o propósito de "edificar no Senhor". É possível negar o mais forte impulso humano, a sexualidade, e espiritualizar o que é um apetite totalmente natural e humano por casamento. A garota não sabe como chamar esse relacionamento, exceto como um de irmã/amiga. Certamente ela estava muito mais interessada naquele homem do que em qualquer outro de quem fosse irmã ou amiga. Cada homem conhecido dela, suponho, se enquadraria em uma ou outra dessas categorias. Mas esse jovem de vinte e três anos, em particular, havia chamado sua atenção. O maior desejo dele, disse-me a garota, era amá-la "apenas com pureza". Bravo! Se, com isso, ele pretendia amá-la como um cristão deve amar qualquer outro cristão, na qualidade de membro do corpo de Cristo, então por que ela usara a palavra *envolvida*? Ela está envolvida com esse rapaz; é "o relacionamento mais maravilhoso e revigorante" que ela já teve. Ele me parece ser muito especial para ela. Tem os sinais característicos não de irmã/irmão ou de amiga/amigo, mas de amante/amado. Ela provavelmente não sabe se é amada ou não, tampouco está admitindo, pelo menos para mim, que o ama. Mas os sentimentos dela são — o que mais? — sexuais.

## Autoengano

Paulo era um homem muito terreno. Ele não se enganava em relação ao poder das mulheres sobre os homens e vice-versa. Ele conhecia os impulsos, estava familiarizado com as armadilhas e, de uma forma bastante sensata, disse aos cristãos de Corinto: "É bom que o homem não toque em mulher" (1Co 7.1). "É bom que o homem não toque em mulher. Mas, uma vez que há tanta imoralidade sexual, cada homem deve ter sua própria esposa, e cada mulher, seu próprio marido" (1Co 7.1-2, NVT). Em outras palavras, quando vocês chegam a um ponto em que não conseguem mais manter suas mãos longe um do outro, é hora de se casarem. Esse tipo atual de cristianismo, que "brinca com fogo", não tinha lugar no pensamento de Paulo. Ele nunca disse: "Cada homem deve ter seu próprio relacionamento".

Meu pai aconselhava seus quatro filhos homens a nunca dizerem "Eu amo você" a uma mulher até que estivessem prontos para dizer imediatamente em seguida: "Quer se casar comigo?". Tampouco eles deveriam pensar em dizer "Quer se casar comigo?" antes que houvessem dito: "Eu amo você". Quanta dor e quanta confusão seriam evitadas se os homens seguissem essa regra!

Jim não a seguiu, claro. Ele disse que me amava. Ele não me pediu em casamento. Eu fiquei empolgada, sufocada, devastada. *Melhor saber que sou amada do que não saber*, foi o que pensei. Alguém pode definhar sozinho, mas o conhecimento de que o amor é correspondido aumenta enormemente o anseio por sua consumação.

Posso, então, recomendar o plano de ação de Jim a outrem? Nem em um milhão de anos. Tenho certeza de que ele não gostaria de que ninguém construísse uma doutrina a partir disso. Mas a situação era incomum. Não que ele fosse chamado para um celibato vitalício. Ele não sabia se seria por toda a vida. Ele não precisava saber. Ele fora chamado para permanecer solteiro, desimpedido e descompromissado pelo menos até que tivesse experiência missionária. Ele tinha motivos para crer que havia despertado o amor em uma mulher dedicada e que poderia confiar a ela as informações que desejava lhe dar. Era um risco. Ele estava ciente disso e quis arriscar. Eu não saí correndo e pulei de uma ponte. Deus nos guardou. Mas aquilo me fez coçar a cabeça e me contorcer sobre a questão do que é humano *versus* o que é santo. Seria possível amá-lo tão intensamente quanto eu o amava e ser suficientemente pura para não desejar nada além de sua santidade e felicidade? Só posso dizer que tentei. "Que mais te tolhe e te faz mal que as afeições que não mortificas?", escreveu Tomás de Kempis em *Imitação de Cristo*.[18]

*Mortificar.* Uma palavra assustadora. Se minhas afeições devem ser mortificadas, isso significa que devem ser eliminadas? Quer dizer que são todas más, pecaminosas e ímpias? Será que é ímpio amar um homem ou uma mulher de outra forma que não seja como uma irmã, um irmão ou amigo?

Não há como contornar a etimologia da palavra *mortificar*. Vem da palavra latina que significa *morte*. A tradução Almeida Revista e Atualizada de Romanos 8.13 diz que devemos

---

18  Tomás de Kempis, *Imitação de Cristo*, trad. Maria Isabel Bénard da Costa e Pedro Tamen (Prior Velho, Portugal: Paulinas, 2015), 16.

mortificar os feitos do corpo. Uma versão moderna explica ainda mais: "Se pelo Espírito de Deus vocês *matarem* as suas ações pecaminosas, vocês viverão espiritualmente" (NTLH). O que são essas ações pecaminosas? Há uma lista em Colossenses 3.5: prostituição, impureza, paixão lasciva, desejo maligno e avareza, que é nada menos que idolatria. Esses são *produtos* do desejo humano, se o desejo humano tiver rédea solta. O cristão põe as rédeas nas mãos de seu Mestre. Seus desejos humanos são colocados na linha. Os desejos ainda existem, ainda são fortes, naturais e humanos, mas estão subjugados ao poder superior do Espírito. Eles são purificados e corrigidos quando vivemos, dia após dia, em fé e obediência.

> Por isso, o pendor da carne é inimizade contra Deus, pois não está sujeito à lei de Deus, nem mesmo pode estar. Portanto, os que estão na carne não podem agradar a Deus.
>
> Vós, porém, não estais na carne, mas no Espírito, se, de fato, o Espírito de Deus habita em vós. E, se alguém não tem o Espírito de Cristo, esse tal não é dele. Se, porém, Cristo está em vós, o corpo, na verdade, está morto por causa do pecado, mas o espírito é vida, por causa da justiça. Se habita em vós o Espírito daquele que ressuscitou a Jesus dentre os mortos, esse mesmo que ressuscitou a Cristo Jesus dentre os mortos vivificará também o vosso corpo mortal, por meio do seu Espírito, que em vós habita. Assim, pois, irmãos, somos devedores, não à carne como se constrangidos a viver segundo a carne (Rm 8.7-12).

Isso explica tudo. Dois princípios, inferior e superior, carne e espírito. O inferior não tem direito algum sobre nós. O descrente nega isso, ouve os sussurros da carne, rende-se a ela, insiste que tem de fazer aquilo que lhe faz sentir bem, que tem de seguir o fluxo. O cristão mortifica a carne, submetendo-se à autoridade de Cristo — à sua autoridade em todas as áreas de seu ser, incluindo a dádiva divina, embora muito perigosa, da sexualidade. A sexualidade é perigosa como dinamite. Fogo e água também são dádivas de Deus, mas, quando saem do controle, resultam em devastação.

A carta citada no início deste capítulo é semelhante a tantas outras que recebi. Há muita confusão sobre relacionamentos. Há certa relutância em ser franco e dizer: "Estou louco por essa garota; preciso tê-la". Em outras palavras, o desejo sexual é camuflado em termos espirituais. Algo que o indivíduo sabe que está longe de ser platônico — algo, na verdade, patentemente erótico — é chamado de amizade, relacionamento, envolvimento, conhecimento.

Outra garota escreveu:

> Um rapaz que eu havia conhecido em uma festa no ano anterior, e com quem me importava de todo o coração, simplesmente *sumiu* em novembro passado. Desde então, tenho estado amargurada com Deus. Amargura e ira para com Deus têm-me levado a uma atitude de desprezo em relação a muitas pessoas ao meu redor, até mesmo pessoas da igreja.

## Autoengano

> O lado direito do meu cérebro, sonhador e inspirador, me diz que jamais serei plenamente realizada, sexualmente ou de qualquer outro modo, a menos que me case. Como posso superar minha amargura para com Deus? Como posso superar meu desejo insaciável de saber *por que* Deus age assim, em vez de apenas confiar nele? Será que Deus *algum dia* me mostrará como aquele rapaz está se saindo na vida? *Algum dia* saberei se ele ao menos é cristão?

Há alguma honestidade aí — ela sabe que está amargurada com Deus. Aí está o cerne de seu pecado. Mas também há autoengano. Na verdade, não importa se aquele homem está se saindo bem na vida. Ele pode ser o presidente da Exxon. E daí? Na verdade, não importa nem mesmo se ele é cristão. O que importa é: ele vai voltar? Será que a garota realmente quer saber por que Deus age como age (a Bíblia está cheia de pistas), ou ela quer apenas que ele pare de agir assim? Ela está furiosa com Deus porque o homem não a ama, nunca a amou e provavelmente nunca a amará.

Sejamos francas diante de Deus. Vamos dar nome aos bois. Se suas paixões foram despertadas, diga exatamente isso — para si mesma e para Deus, *não* para o objeto de sua paixão. Em seguida, entregue as rédeas a Deus. Submeta sua vontade a ele. Busque obedecer a Deus e peça sua ajuda. Ele não obedecerá em seu lugar, mas lhe dará auxílio. Não me pergunte como. Ele sabe. Você vai ver.

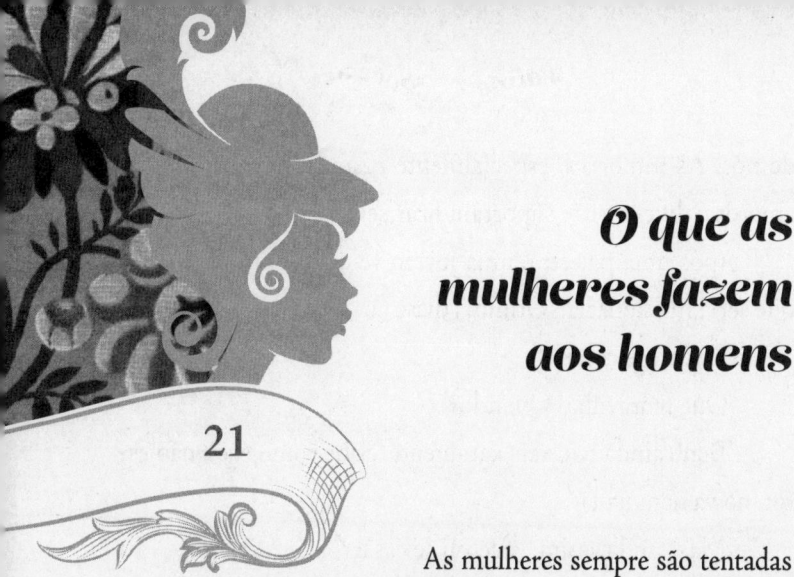

# 21
# O que as mulheres fazem aos homens

As mulheres sempre são tentadas a ter a iniciativa. Gostamos de resolver as coisas. Queremos conversar sobre situações e sentimentos, colocar tudo em pratos limpos, lidar com os assuntos. Parece-nos que os homens frequentemente ignoram e fogem dos problemas, varrem as coisas para debaixo do tapete, esquecem-se delas, seguem em frente com projetos, negócios, prazeres, esportes, comem um pedaço de churrasco, ligam a televisão, rolam para o outro lado e vão dormir. As mulheres reagem a essa tendência insistindo em confronto, comunicação, embate. Se não conseguimos sujeitar nossos homens a isso, resmungamos, imploramos, chamamos a atenção com lágrimas, silêncio ou sonegando-lhes ternura e intimidade. Temos uma enorme sacola de artimanhas.

Na visão de C. S. Lewis, o purgatório seria um lugar onde o leite estaria sempre derramando, as louças se espatifando e as torradas queimando. A atividade designada para os homens seria fazer algo a esse respeito. A atividade das mulheres seria não fazer nada. Isso seria mesmo o purgatório para a maioria de nós. As mulheres, especialmente quando se trata de vida amorosa, dificilmente suportam ficar sem fazer nada.

Após uma palestra, uma jovem veio até mim para dizer que seria missionária. "Ótimo!", disse eu.

"E vou me casar."

"Que maravilha! Quando?"

"Bem, ainda não sei exatamente. Sabe como é, eu não estou noiva nem nada."

"Mas, ainda assim, você vai se casar?"

"O Senhor me disse que eu vou."

"Ele lhe disse quem é o homem?"

"Ah, sim, ele frequenta esta igreja, somos bons amigos e..."

"Haja o que houver, não diga a ele o que o Senhor lhe disse."

"Mas eu já disse. Liguei para ele imediatamente. Ele não parecia seguro a esse respeito, quero dizer, você sabe, tipo, ele não se sente de fato chamado para o campo missionário nem nada, sabe como é; ele ficou, tipo, surpreso, mas..."

"É melhor você deixá-lo sozinho até que o Senhor fale *com ele*."

"Não posso fazer isso. Quero dizer... e se ele não compreender que essa é a vontade do Senhor? Tento ligar para ele periodicamente, para lembrá-lo. Ele parece meio legal, você sabe, mas eu tenho certeza de que está pensando a respeito. Tipo, você sabe, ele é realmente meu amigo e tudo, mas, bem, eu só sei que Deus vai fazer acontecer."

Esse rapaz ganhou minha solidariedade.

Outra mulher escreveu:

## O que as mulheres fazem aos homens

Passei quase seis meses digerindo sua palestra sobre submissão e, agora, estou buscando seu conselho. O assunto diz respeito a um jovem rapaz por quem me apeguei muito. Entreguei o assunto ao Senhor em oração. Para lidar melhor com a situação, escrevi para lhe expor, com muito tato, meus sentimentos. Ele não correspondeu à minha afeição, mas me garantiu que queria continuar com nossa amizade. Escrevi-lhe três outras cartas em três meses. Nenhuma delas teve resposta. Liguei para ele, sobretudo para me certificar de que ainda podíamos conversar. Dois meses depois, voltei a ligar, basicamente para me certificar de que ele ainda estava vivo. Ele se mostrou bastante frio.

Em nenhuma das minhas cartas ou telefonemas, tentei pressioná-lo. Queria que voltássemos à condição de amigos, como ele sugeriu que fizéssemos.

Eu não o entendo mais.

Pobre garota. Em primeiro lugar, ela não tinha de expor seus sentimentos "com muito tato". Péssima escolha de palavras. Uma mulher que toma esse tipo de iniciativa não tem tato. Muito provavelmente, ela arruinou qualquer chance que pudesse ter com aquele homem. Quando ele não respondeu, ela teve um claro sinal de que ele não estava interessado. Continuar tentando despertar o interesse dele, escrevendo e ligando, era mais do que inútil.

Posso imaginar os pensamentos dele ao atender o telefone e ouvir a voz dela. *Ah, não! Ela de novo... O que faço agora?* Ela é doce, alegre, amigável, talvez um pouco esbaforida. *Como faço para ela largar do meu pé?* A única saída que lhe restava era mostrar-se, como ela disse, bastante frio. Caso contrário, ela teria compreendido qualquer outra reação como encorajamento.

Ela telefonou mais uma vez. Dessa vez, talvez, não tão alegre. Talvez estivesse ofegante ou falando em tom queixoso. Estou apenas supondo. Ela disse que não tentou pressioná-lo. Será? Ela foi desleal para com ele e desonesta consigo, ao dizer que só queria assegurar-se de que ele estava vivo. Havia outras maneiras de verificar isso. Na verdade, ela estava clamando: "Eis-me aqui. Por favor, me ame".

Ela disse que não o compreendia. Eu o entendo. Ele não a amava. Tentei explicar a ela. Se ele a amasse, teria ido atrás dela. Ele não queria machucá-la, mas ela não desistia.

Uma carta publicada na coluna de conselhos de uma revista cristã dizia: "Sou viúva há mais de vinte anos e pensei que havia superado minha tristeza e minhas ideias românticas. Recentemente, conheci um homem da minha idade que havia perdido a esposa. Quando demonstrei simpatia, ele demonstrou apreciação e passou a prestar bastante atenção em mim. Para resumir a história, eu me apaixonei por ele". Até aí, tudo bem. Mulheres fazem isso. A carta continuava: "Então, a conferência terminou e eu voltei para casa. Recebi um ou dois telefonemas dele; depois, nada. A próxima coisa que eu soube é que ele estava saindo com outra pessoa". Homens fazem isso também. O que mais me surpreendeu foi a resposta da colunista: "Se esse homem é tão instável quanto parece, você deve sentir-se feliz, pois o relacionamento acabou logo, não se prolongando. Seria uma dor de cabeça muito maior viver o resto de sua vida com alguém em quem não pode confiar".

Instável? Alguém em quem não pode confiar? Sobre o que a colunista estava falando? Foi a senhora quem primeiro demonstrou simpatia. O homem se agradou de recebê-la. Ele prestou atenção nela, mas era apenas uma conferência. Quanto tempo houve para a construção de um relacionamento? A senhora não disse que o homem declarou estar apaixonado por ela. Ele ligou para ela uma ou duas vezes. Foi legal da parte dele. O que mais ele deveria fazer?

As expectativas dela eram totalmente descabidas. Eu gostaria de lhe perguntar o que ela teria dito se, durante a conferência, alguém tivesse observado: "Parece que está havendo algo entre você e aquele viúvo, hein?". Suspeito que ela teria retrucado: "Que ridículo! A esposa dele acabou de morrer! Por acaso duas pessoas não podem sentar-se juntas sem todo mundo pensar que estão apaixonadas?". Contudo, aqui está ela agora, esperando muito mais do pobre homem, ressentida por ele estar saindo com outra pessoa. A colunista diz que ela foi maltratada.

Eu protesto. As mulheres esperam demais dos homens.

Posso ouvir os urros de protesto das mulheres. "Os homens gostam de brincar conosco. Eles nos fazem entrar na deles, tentam conseguir de nós o que podem, nos enganam", e assim por diante. É bem verdade. E é exatamente por isso que eu imploro às mulheres que esperem. Esperem em Deus. Mantenham a boca fechada. Não alimentem expectativas até que a declaração seja clara e direta.

E, aos homens, digo: sejam cuidadosos conosco, por favor. Sejam comedidos.

Antes de Jim ir para o Equador, uma garota deixou bem claro para ele e, especialmente, para as mulheres da igreja deles que estava interessada nele. Ela anunciou que Deus a havia chamado para o campo missionário, mas não estava certa de qual era esse campo, até Jim declarar que iria para o Equador. Ah, pronto! O Equador era onde Deus a queria também, disse ela. Sempre querendo agir com sinceridade e ajudar os outros a fazerem o mesmo, Jim convidou a garota para almoçar. Ele não perdeu tempo em conversa fiada; antes, deixou bem claro que, se ela nutria sentimentos por ele, não alimentasse esperança. Disse-lhe que já havia decidido com quem casaria, se porventura Deus lhe mostrasse que ele deveria casar-se.

Uma mulher deve ser igualmente honesta com um homem que demonstre interesse por ela. Poucos meses antes de meu noivado com meu segundo marido se tornar público, um viúvo que eu havia conhecido vagamente na época de faculdade veio me visitar. Foi uma longa viagem de carro e ele trouxe as filhas junto. Saímos para jantar e ele pôs as "cartas na mesa": disse-me que estava testando a possibilidade de casamento. Eu agradeci e coloquei na mesa as minhas cartas. "Não tenho certeza se vou me casar novamente", disse eu. "Mas, se o fizer, estou certa de quem será essa pessoa". Ele me enviou um buquê de rosas com um cartão dizendo: "Com afetuoso ciúme".

    Tenho um sobrinho muito bonito que as mulheres costumam convidar para sair. "Desculpe-me", diz o rapaz a elas. "Não é assim comigo. Quando saio com uma moça, sou eu quem faz os convites. De todo modo, obrigado."

    Resista à tentação de brincar com os sentimentos de outras pessoas. Pode ser divertido "fisgar" alguém como um peixe no anzol, mas é cruel, desonesto e perigoso.

# O que os homens procuram?

Minha mãe foi a rainha do baile na formatura de 1917 da Germantown Friends School, na Filadélfia, o mesmo ano em que Leonard Carmichael (mais tarde presidente da Smithsonian Institution) foi o rei. Por serem a moça e o rapaz mais bem-apessoados da classe de formandos, eles receberam troféus: para ela, uma grande colher de prata; para ele, uma bengala com ponta de prata. Mamãe era magra, tinha cabelos escuros e olhos azuis. Ela foi uma das primeiras mulheres da cidade a dirigir um carro. Seu pai lhe dera um grande Buick, e ela arrasava quarteirões em seu casaco de guaxinim e chapéu de castor. Ela teve uma boa quantidade de namorados. Quando eu estava crescendo, ela me deu dois — e apenas dois — conselhos sobre o assunto: deixe que eles corram atrás de você e os mantenha à distância de um braço.

Mas e se eles não corressem atrás de mim? E se nunca atingissem nem mesmo a distância de um braço?

Aqui estão quatro histórias que ouvi sobre o assunto.

"Quero me casar", disse a primeira pessoa, uma estudante universitária. "Amo esse rapaz de todo o coração. Mas ele parece despreocupado demais com esse relacionamento — que, para mim, é tão profundo. Eu mal sei como orar sobre isso."

A segunda, uma jovem profissional, sentou-se à mesa da minha cozinha, certa manhã, e disse: "Ele ficou dias sem falar comigo. Havia algo muito bom entre nós. Quero dizer, ele ligava todas as noites, levava-me para sair duas ou três vezes por semana, mandava-me flores. De repente, nada. Então, esbarro com ele no elevador, no corredor, em vários lugares — trabalhamos no mesmo prédio —, e o que ele faz? Vira para o outro lado. '*Qual é*', disse eu finalmente, 'Não me *ignore*'! Faz sentido para você? Simplesmente me ignorar? Quero dizer, não poderíamos pelo menos *discutir* tudo isso?".

Talvez vocês pudessem, se ele quisesse. Mas, se ele não quisesse, o que você ganharia em agarrá-lo pelo colarinho e dizer: "Fale comigo!"?

A terceira pessoa me escreveu uma carta. "Há algum problema em uma mulher convidar um amigo para sair, ou eu seria considerada oferecida? Já fiz isso algumas vezes com um ótimo amigo cristão, mas ele pagou uma parte da conta. Além disso, não considero que esteja me oferecendo a ele."

A quarta: "Ele era um rapaz muito confiante e alegre, daqueles que, enquanto conversa, faz você se sentir como se fosse a única pessoa que importa. Eu me apaixonei por ele, embora houvesse orado para Deus guardar meu coração com toda diligência. Passamos momentos maravilhosos na conferência de alunos e, em uma noite fria, mas clara, fizemos uma longa caminhada por todo o *campus* e comemos pizza junto à lareira.

## O que os homens procuram?

Ele também ouviu você palestrar em um dos painéis e, depois, não parava de falar sobre o que você dissera, especialmente a parte sobre homens tomarem iniciativa e as mulheres corresponderem. Não preciso dizer que, desde que voltei para casa, estou aqui sentada esperando para corresponder — se pelo menos ele tomar a iniciativa, escrevendo ou ligando. Ele não fez nem uma coisa nem outra".

Quatro mulheres no mesmo barco. Atraídas por homens que não se sentem atraídos por elas — pelo menos não o suficiente para fazerem algo a respeito. O que fazer? Uma ora, mas não tem certeza de como orar. A segunda confronta. A terceira chama para sair, mas deixa que ele pague parte da conta. A quarta espera. Até onde sei, nenhuma delas conseguiu o que realmente queria.

Nesta época de liberação, igualdade e papéis flexíveis, devemos mesmo nos preocupar com quem faz o quê? Não sei nem como chamar. *Galantear* talvez seja um pouco arcaico. *Cortejar? Ir atrás? Sair à caça? Perseguir?*

Alguém pode sugerir: "Apenas faça o que faz você se sentir bem, não importa o vocabulário".

Porém, é mais fácil falar do que fazer. Descobri que as pessoas não têm tanta certeza quanto imaginam sobre o que lhes proporciona boas sensações. Talvez exista algo mais profundamente distorcido do que uma regra boba sobre quem deve telefonar primeiro.

Certa noite, no inverno passado, meu marido e eu convidamos um grupo de homens solteiros de um seminário teológico para nos acomodar em volta de nossa lareira, de modo que pudéssemos conversar sobre o que os cristãos solteiros esperam das mulheres cristãs solteiras. Ouvimos muita coisa das mulheres sobre esse assunto, sobre o que elas esperam dos homens, mas não ouvimos muito dos homens. A pergunta principal não era o que eles buscavam em uma esposa, mas o que esperavam delas nas interações sociais cotidianas e ordinárias.

"Vocês gostariam de que as mulheres os chamassem para sair?", essa foi uma de minhas perguntas.

"Isso é horrível", disse alguém.

"Tira o encanto", disse outro.

"Se uma mulher for esperta, saberá que o melhor lugar para ela, de acordo com as Escrituras, é a submissão. Um homem deve servir porque é o cabeça", disse um homem.

"Submissão é um mandamento para as mulheres casadas, não?", indaguei. "O que vocês esperam das interações comuns no *campus*?"

"Honestidade total."

"Ah. Hum... Honestidade total. Então, suponha que um dia ela encontre você no corredor", sugeri, "e diga: 'Acho você o garanhão mais bonito da cidade. Tenho sonhado com você, todas as noites, há três semanas. O Senhor me mostrou que devemos estabelecer um relacionamento de cuidado e partilha mútuos'. Ela está sendo honesta (talvez). É disso que você gostaria?"

"Ora! Isso, não. Não foi isso o que eu quis dizer."

"O que foi, então?"

## O que os homens procuram?

Um longo silêncio. Coçar de cabeças. Finalmente, as respostas começaram a sair.

Feminilidade.

Afirmação.

Encorajamento.

Ternura.

Sensibilidade.

Vulnerabilidade.

"Ela não precisa ser linda, embora eu não fosse considerar isso um ponto negativo!"

"Gostaria de uma mulher que representasse uma espécie de desafio. Se há alguma reticência da parte dela, isso me interessa."

"É fácil detectar a ansiedade para se casar."

"Verdade. Eu busco uma mulher que seja firme no Senhor. Contente. E que seja capaz de lidar com a adversidade."

"Tranquilamente corajosa."

"Que não tente agradar a todos. Mas que se sinta à vontade para fazer um elogio de vez em quando, se for um elogio honesto."

"Maternal. Isso é importante. As mulheres devem ser maternais."

Fiquei feliz por não termos convidado nenhuma mulher naquela noite. Elas teriam muita dificuldade em manter a boca fechada.

Mas houve algo sobre o qual não conversamos, pelo que me lembro. Trata-se do mistério. Um homem gosta de pensar que, numa mulher, há mais do que ele consegue imaginar.

Quanto há ali que somente Deus conhece? Anos depois de eu haver terminado a escola bíblica, um homem me disse que costumava sentar-se na sala de aula e me olhar fixamente, perguntando-se que raios se passava pela minha cabeça. Algo sinalizava um mistério em mim, disse ele, e aquilo o fascinava. Enquanto aqueles jovens seminaristas falavam em torno de nossa lareira, a mensagem que captávamos era que eles não queriam ouvir tudo o que as mulheres pensam. Eles queriam ter a chance de pensar a respeito e descobrir por conta própria.

Segundo o apóstolo Pedro, a beleza de uma mulher deve residir no mais íntimo de seu ser, no "incorruptível trajo de um espírito manso e tranquilo, que é de grande valor diante de Deus" (1Pe 3.4).

# A bagunça que fizemos

## 23

Em seu romance *Heartburn* [O amor é fogo],[19] Nora Ephron diz que a maior conquista da década de 1970 foram os encontros ao estilo europeu — em que cada um paga a sua conta. É isso que homens e mulheres querem?

Tenho a sensação de que o planeta não está mais girando bem. Alguma coisa está muito errada quando homens ficam sentados à espera de uma ligação telefônica e mulheres se enfurecem quando um homem segura a porta para elas.

Em todas as sociedades humanas, até os dias de hoje, a conduta de homens e mulheres sempre foi vista como um assunto bastante delicado e potencialmente explosivo. Por isso, foi um tema rodeado de costumes, tabus, rituais, proibições, protocolos, cortesias. Temos sido sábios ao descartar tudo isso?

Cinco séculos antes de Cristo, Eurípedes comparou o macho e a fêmea ao céu e à terra. "É o amor que faz a terra ansiar pela chuva sempre que o solo, ressecado e árido pela seca,

---

19 N. T.: No Brasil, *O amor é fogo* é o título da edição mais recente do livro (Rio de Janeiro: Rocco, 2009); o filme nele baseado foi lançado em 1986, sob o título *A difícil arte de amar*.

necessita de umidade. É o amor que faz o céu sagrado, inchado pela chuva, aconchegar-se no colo da terra. E, quando esses dois se misturam, concebem e nutrem todas as coisas."

Nós ansiamos por ordem, propósito, harmonia. A maneira como vivemos e nos comportamos deve ter alguma congruência com a ordem fundamental do universo. Podemos nos perguntar: não existe algo significativo no fato de que, até bem recentemente, parecia incongruente as mulheres liderarem e os homens as seguirem? Mesmo em sociedades matrilineares, as posições de maior prestígio eram atribuídas aos homens; e, quanto às sociedades "matriarcais", tudo indica que não passam de uma lenda. Nunca se encontrou uma única sequer. Stephen Goldberg diz em *The Inevitability of Patriarchy* [A inevitabilidade do patriarcado]:

> Consultei os materiais etnográficos originais de todas as sociedades que alguém já alegou serem representativas de um matriarcado, de uma dominação feminina ou de uma atribuição de papéis não maternos e de elevada posição às mulheres. [...] Não encontrei nenhuma sociedade que os representasse. Além disso, acredito que as evidências apresentadas no Capítulo 3 tornam o conceito de matriarcado e a ausência da dominação masculina tão absurdos quanto a possibilidade de haver uma sociedade que associasse o parto aos homens. Porém, deve-se admitir, não se pode *provar* que o matriarcado ou algo semelhante nunca tenha existido. Se alguém quiser demonstrar que um centauro jamais existiu,

basta simplesmente invocar as realidades da fisiologia e da evolução para indicar a improbabilidade biológica de, algum dia, um centauro haver existido e demonstrar que as supostas evidências da existência passada de um centauro são inúteis. Se o leitor insiste em manter a crença na existência pretérita de uma sociedade matriarcal, tudo o que podemos fazer é exigir dele alguma evidência mais convincente que seu desejo de que tenha havido uma.[20]

Surgem cada vez mais evidências biológicas de que boa parte das diferenças comportamentais entre os sexos é determinada por fatores hormonais. Isso é bastante perturbador para aqueles que preferem acreditar que são determinadas pelo condicionamento social. Para os cristãos, porém, a conduta deve ser governada não pelas descobertas de sociólogos, antropólogos ou biólogos, por mais interessantes que sejam; em vez disso, "com santidade e sinceridade de Deus, não com sabedoria humana, mas, na graça divina, temos vivido no mundo e mais especialmente para convosco" (2Co 1.12).

Pela graça de Deus, não recebemos o encargo de resolver por nossa própria conta a questão de quem deve tomar a iniciativa. Adão precisava de uma auxiliadora. Deus moldou uma conforme as especificações de sua necessidade e a trouxe até ele. Era o trabalho de Adão ser seu marido, ou seja, ele era responsável por cuidar dela, protegê-la, dar-lhe provisão e tratá-la

---

20  Stephen Goldberg, *The Inevitability of Patriarchy* (New York: William Morrow and Company, 1974), 55.

com carinho. Os machos são feitos para tomar a iniciativa, e bastaria sua constituição física para mostrar isso. As mulheres são feitas para receber e reagir. Não foi arbitrariamente que Deus chamou a si mesmo de noivo de Israel; Israel, de sua noiva; Cristo, de cabeça; e a Igreja, de corpo e noiva. Ele nos corteja, nos chama, nos conquista, nos dá seu nome, partilha conosco seu destino, assume a responsabilidade por nós e nos ama com um amor mais intenso que a morte.

O paradigma espiritual define o relacionamento entre homens e mulheres, especificamente entre maridos e esposas, uma vez que essa é a união humana central. Os símbolos têm enorme importância. Eles têm *enorme* importância porque representam as posições de Cristo e da Igreja, um em relação à outra.

Adão e Eva fizeram uma grande bagunça ao inverter os papéis. Ela tomou a iniciativa e lhe ofereceu o fruto proibido; e ele, em vez de ser seu protetor, seguiu a mulher e pecou com ela. Desde então, tudo tem sido um caos. Não é de admirar que, quanto mais nos afastamos da ordem original, mais confusos nos tornamos. "Isso é horrível." "Tira o encanto." As respostas dos seminaristas não são, creio, condicionadas apenas pelo costume. Há algo mais que os faz sentirem profundamente que as mulheres estão fora de seu posto quando tomam a iniciativa em um assunto tão tênue e delicado quanto o flerte.

Mas existem sinais de confusão bem piores do que mulheres oferecendo-se a homens. Homossexualidade, gravidez na adolescência, divórcio, aborto, o novo papel de "dono de casa", novas traduções da Bíblia para eliminar a linguagem "sexista", mulheres processando o corpo de bombeiros de Nova York por terem sido reprovadas no teste para se tornar "membros" da corporação — sinais de que o congruente se tornou incongruente. A ordem, desordenada. O complementar, competitivo. A glória de nossa sexualidade, em suma, está maculada.

"Veja", diz uma jovem, "não quero discutir teologia, coisas assim. Só estou pensando em ligar para o Al e perguntar se ele gostaria de ir comigo a um restaurante de comida chinesa. Há algo de errado nisso"?

Depende. Al pode achar que é uma ótima ideia. Joe talvez não. "Tenha cuidado", digo à mulher. "Não o coloque em uma posição delicada. Você já considerou os paradigmas e os símbolos? A palavra *modéstia* significa algo para você? *Discrição* se tornou uma palavra fora de moda? Se, no final das contas, você se casasse com Al, você (e ele?) gostaria de viver com a lembrança de que foi você quem correu atrás dele? Ele pode se ressentir por você tê-lo seduzido. Você pode desprezá-lo por haver permitido.

"O risco valeu a pena", dirão alguns. "Estamos ambos satisfeitos por ter acontecido dessa maneira". Imagino que estejam entre aqueles que defendem o direito de as mulheres irem à guerra, mas lhes recusam o direito de serem protegidas de qualquer forma distinta dos homens. Prefiro não entrar no ringue com quem segue essa linha de pensamento.

Peço aos meus oponentes que reflitam sobre o projeto do Projetista; que indaguem seu significado; que testem a maneira como tratam o sexo oposto com as seguintes perguntas: Isso é apropriado? Está de acordo com o padrão que eu gostaria de seguir por toda a vida? Está em harmonia com meu melhor entendimento do plano de Deus? O que melhor aproxima um homem de Deus e uma mulher de Deus, com delicadeza e graça? Nessa área, como em todas as áreas da minha vida, hei de querer caminhar pela fé ou vou tomar as rédeas em minhas próprias mãos?

"Bem, que tal se eu apenas ligar e perguntar como posso orar por ele durante a semana?"

Você ainda não entendeu.

# Suor ardente e pés encharcados

## 24

Para alcançarem o cimo da montanha, Cristo e todos os seus seguidores precisam enfrentar pancadas de chuva e suor ardente. Ainda assim, porém, nossa natureza fraca gostaria que o céu viesse à nossa cama, enquanto dormíamos, e se deitasse conosco, para que pudéssemos subir ao céu em roupas quentes. Todavia, todos os que lá chegaram tiveram de encharcar os pés pelo caminho; enfrentaram tempestades violentas que arrancaram a proteção de suas cabeças; e encontraram altos e baixos, sortes e reveses, além de muitos inimigos pelo caminho.

Samuel Rutherford

Estamos sempre em busca da resposta rápida, da solução simples, esquecendo-nos por completo de que o céu não nos encontra em nossa cama. Os que se esforçam, disse Jesus, apoderam-se dele.

Tentei dizer a mim mesma que o mais difícil de suportar não era a espera, a separação ou a incerteza, mas o silêncio.

17 de agosto de 1948 — O silêncio começa a pesar em minha alma. É um tipo de espera em que não se ouvem vozes ou passos, nem se vê sinal algum. Sinto que suportaria esperar dez anos, se não fosse essa espera, esse silêncio. Passei a noite perto de um pequeno açude que mantinha o céu silencioso em seu coração. Não havia a menor ondulação ou agitação. Senhor, torna-me como aquele açude.

Aquele "peso na alma", aquela prolongada agonia de saudade — o que é tudo isso senão as pancadas de chuva, o suor ardente, os pés encharcados sobre os quais o velho santo Rutherford tantas vezes escreveu? Suas cartas estão cheias disso. Jamais houve outro caminho para a glória. Desde as primeiras histórias de Israel até a história de como seu Filho fez sua jornada como homem na terra, Deus tem sempre conduzido os homens por meio de muitas tribulações. Não há atalhos.

Era mesmo necessário que Deus provasse o caráter de seus filhos por quarenta anos no deserto? Quarenta dias não teriam sido suficientes? O processo deve continuar, continuar e continuar...

John Buchan expressou da seguinte forma: "Você escolheu a estrada mais difícil, mas ela conduz direto ao topo das colinas".

Através dos assuntos do coração, Deus desvela nossas verdadeiras intenções: "para saber o que estava no teu coração, se guardarias ou não os seus mandamentos. Ele te humilhou, e te deixou ter fome, e te sustentou com o maná" (Dt 8.2-3).

### Suor ardente e pés encharcados

Mas não era maná o que o povo queria, mas, sim, alhos-porós, cebolas e alhos. Era carne e pão, vinho e óleo — comida comum.

A mesma coisa ocorre conosco. Somos criados homens e mulheres. Se Adão precisava de Eva, e ela fora criada para ele, não é natural, não é totalmente adequado e apropriado que homem e mulher tenham apetite um pelo outro?

É, de fato, algo natural. No entanto, não é a única coisa que Deus tem em mente para nós. Não devemos viver apenas pelo que é natural. Precisamos aprender a viver pelo sobrenatural. A comida comum não preencherá o vazio em nossos corações. Pão não é suficiente. Precisamos de alimento extraordinário. Precisamos de maná. E de que outra forma vamos aprender a comê-lo, se nunca sentirmos fome? Como educaremos nosso paladar pelas coisas celestiais, se nos fartarmos das coisas terrenas? Apenas o sexo não será o bastante, não mais que o pão.

Meu coração dizia: "Senhor, tira de mim esse anelo, ou dá-me aquilo pelo que anelo". O Senhor respondia: "Hei de ensinar você a anelar por algo melhor".

"Ele [...] te sustentou com o maná, que tu não conhecias, nem teus pais o conheciam, para te dar a entender que não só de pão viverá o homem, mas de tudo o que procede da boca do Senhor viverá o homem" (Dt 8.3).

Deus sabia que dar-me Jim quando eu bem desejava não proporcionaria o treinamento muito mais importante de que eu precisava para o que estava por vir. Foi aprendendo a comer daquele Pão Vivo, sempre o suficiente para um dia de cada vez (não para estocá-lo pelos cinco anos que eu temia), que fui ensinada, disciplinada e preparada para o que me esperava adiante.

6 de julho — De Robert Louis Stevenson: "Qualquer um pode carregar seu fardo, por mais pesado que seja, até o anoitecer. Qualquer um pode fazer seu trabalho, por mais difícil que seja, por um dia. Qualquer um pode viver com doçura, paciência, amor e pureza até o pôr do sol. E isso é tudo o que a vida de fato significa".
Portanto, não vos inquieteis com o dia de amanhã...
O pão nosso de cada dia dá-nos hoje.
A tua força seja como os teus dias.

Mt 6.34; 6.11 (ARA); Dt 33.25 (ACF)

Caminhei por aquele pequeno muro de pedra hoje à noite. A grama estava macia e úmida para meus pés descalços. Vi uma estrela cadente — apenas uma polegada prateada de luz na escuridão, que rapidamente se foi. A memória de sua beleza é uma linda parábola.

7 de julho — O *Luz diária* é perfeito para esta manhã: "Aprendeu a obediência pelas coisas que sofreu".

Hb 5.8

Como é possível que o Filho do Homem precisasse aprender a obediência?

### *Suor ardente e pés encharcados*

Outra tradução desse último versículo fala numa escola do sofrimento. Cristo fez o curso. Ele nos pede para fazê-lo também — mas não sozinhas. Ele nos chama para a companhia de outros colegas, estudantes e discípulos, dispostos a se submeter ao rigoroso programa que o Pai prescreve para o Filho. É a mesma figura de linguagem usada em Deuteronômio para os israelitas: "Sabe, pois, no teu coração, que, como um homem disciplina a seu filho, assim te disciplina o Senhor, teu Deus. [...] porque o Senhor, teu Deus, te faz entrar numa boa terra, terra de ribeiros de águas, de fontes, de mananciais profundos, que saem dos vales e das montanhas; [...] terra em que comerás o pão sem escassez, e nada te faltará nela" (Dt 8.5, 7, 9).

Até onde eu podia imaginar, a única terra que se encaixava nessa descrição era aquela na qual eu seria a esposa de Jim. Essa seria uma terra abundante. Haveria ribeiros, fontes, mananciais profundos — de tudo que pode matar a sede. Lá, certamente, mesmo que vivêssemos em uma tenda ou cabana de palha, nunca viveríamos em escassez e nada nos faltaria.

Eu tinha muito o que aprender. Jesus estava me dizendo o que dissera aos seus discípulos: "Tenho ainda muito que vos dizer, mas vós não o podeis suportar agora" (Jo 16.12).

# Ninguém conhece a tribulação

## 25

13 de agosto — "O amargo penar que em sua alma sentir/ Deve privar-se de ao próximo impingir".[21]

E um trecho de *If* [Se], de Amy Carmichael: "Se eu chamar a atenção para o caminho que me foi designado, exagerando-o secretamente para mim mesma ou insidiosamente para outrem; se eu deixar que eles pensem quão difícil é; se olhar para trás com saudade do que um dia foi e me prolongar entre os labirintos da memória, de modo a enfraquecer minha capacidade de ajudar os outros, então eu nada sei sobre o amor do Calvário".

Querido Senhor, só tu conheces as operações mais íntimas de minha mente e meu coração. Mantém a medida do meu amor em Cristo — que ele jamais diminua. Tu disseste: "Nem os vossos caminhos, os meus caminhos". Ajuda-me a andar nos teus, Senhor, em paz.

---

21 Provérbio tâmil.

Poucas coisas têm tanto poder de nos levar a sentir pena de nós mesmas quanto a solidão. Sentimo-nos abandonadas, enganadas. Todo mundo parece ter um lugar para onde ir, alguém com quem estar, algo para desfrutar. Apenas nós ficamos de fora. Tudo o que queremos é curtir nossa própria miséria.

Essa era uma tentação forte em mim. Eu ainda estava em Oklahoma. Ainda não havia qualquer tipo de vínculo com Jim. Porém, eu descobri naquele provérbio tâmil e nas palavras de Amy Carmichael algo mais poderoso que a tentação. Aquilo me ajudou a fortalecer a tensão de rotura da minha alma — a resistência à carga, o tipo de força que suporta ser esticada sem se romper. Se eu tivesse vivido trinta anos depois, suponho que leria um tipo de conselho totalmente diferente, o tipo que nos encoraja a fazer os outros sentirem nossa dor o mais vividamente possível, a "chamar a atenção para o caminho que nos foi designado". Nessa tendência, há não apenas uma fraqueza, mas também um encorajamento à fraqueza. Uma coisa é tentar sentir a dor do outro. Devemos levar as cargas uns dos outros e, assim, cumprir a lei de Cristo. Ele carregou sobre si todas as nossas dores, enfermidades e chagas. Mas nós também somos ordenados a carregar nossos próprios fardos. Isso significa carregá-los com bravura, pensar duas vezes antes de colocá-los sobre os ombros de outras pessoas que podem estar mais sobrecarregadas do que nós. Tem o mesmo significado do provérbio tâmil. Acima de tudo, significa aprender o amor do Calvário — que nos ensina a esquecer-nos de nós mesmos com a finalidade de nos fortalecer para servir aos outros.

### Ninguém conhece a tribulação

Eu não era forte em mim mesma. Se eu não sabia disso antes — mas é claro que sabia —, tornei-me agudamente consciente disso em virtude do amor, da saudade e da desesperada necessidade de Jim. Era uma espécie de fraqueza que me surpreendia e me humilhava. Por que eu precisava dele? "Eu estava bem sem ele, antes de conhecê-lo; vou ficar bem sem ele agora", parafraseando uma velha canção.[22] Mas eu não estava indo muito bem sem ele, e aqui estava outra lição. Quando há uma fraqueza genuína, especialmente do tipo que nos surpreende e humilha, temos a oportunidade de aprender o que Paulo aprendeu com seu "espinho": a graça de Deus é tudo de que precisamos, pois "o poder se aperfeiçoa na fraqueza" (2Co 12.9).

Minhas orações eram mais ou menos assim:

Para a minha solidão, Senhor — a tua força.
Para a minha tentação à autocomiseração, Senhor — a tua força.
Para o meu anseio incontrolável por este homem, Senhor — a tua força.

Jesus conheceu a solidão humana em suas formas mais pungentes. Quando era um menino de doze anos, foi mal interpretado por seus pais terrenos. A obediência dele ao Pai celestial lhes causou tristeza. Em seu ministério público, ele costumava estar na companhia de multidões que o procuravam para ver o que podiam extrair dele ou para criticá-lo,

---

22 N.T.: Referência à canção *Gonna Get Along Without Ya Now*, de Milton Kellem.

interrogá-lo e atacá-lo. Com aqueles doze que ele escolheu como amigos íntimos, houve debates, mal-entendidos e, na hora de sua maior necessidade, abandono. Somente na carne Cristo poderia entrar em nosso destino, compreender nossas tentações e ser plenamente Redentor e Salvador. Quem seria capaz de nos salvar se não descesse para o meio de nossos sofrimentos e experimentasse nossas dores? Não havia nada que eu estivesse experimentando pelo que, de alguma forma, ele não houvesse passado. Aquele que é o amor eterno entrou neste mundo, no meu mundo, no meu próprio coração, e conheceu suas lutas, compartilhou sua fraqueza e perplexidade. Então, nada mais me separaria de seu amor. Na verdade, todas essas coisas me dariam a oportunidade de experimentar esse amor, de aprender a clamar: "Aba, Pai!".

"O próprio Espírito testifica com o nosso espírito que somos filhos de Deus. Ora, se somos filhos, somos também herdeiros, herdeiros de Deus e coerdeiros com Cristo; se com ele sofremos, também com ele seremos glorificados" (Rm 8.16-17).

# Enfim, uma carta

26

Quando nossos caminhos se cruzaram, em setembro de 1948, para minha imensa alegria, Jim me disse sentir que Deus lhe dera liberdade para começarmos a nos corresponder. Conversamos novamente sobre casamento, intrigados com a ideia de que, para nós, aquilo poderia representar uma admissão de que Cristo não era suficiente. Essa ideia surgiu de como Jim interpretava 1 Coríntios 7.37: "Todavia, o que está firme em seu coração, não tendo necessidade, mas domínio sobre o seu próprio arbítrio, e isto bem-firmado no seu ânimo, para conservar virgem a sua filha, bem fará". No hinário que me deu, Jim havia sublinhado o hino: "Tenho eu cá embaixo, Senhor, um objeto que divida contigo o meu coração?". Se o casamento não fosse para nós, então Cristo teria de ser suficiente. Se, com ele mesmo, Cristo fosse nos dar também o casamento, então nós o receberíamos como uma dádiva de suas mãos. A questão é que presentes não são pedidos, mas dados, livremente e por amor. Parecia algo bom demais para se esperar, mas nós tínhamos esperança.

Enquanto eu seguia de trem para a escola bíblica em Alberta, Canadá, e cruzávamos a pradaria desolada da Dakota do Norte, estava lendo o livro de Colossenses — o grande mistério de Deus, *Cristo em vós*; advertências contra uma piedade forçada, autoflagelação, severidade para com o corpo. Como eu poderia saber se era culpada daquilo? Durante aquele ano letivo, nosso então diretor, L. E. Maxwell, dizia com frequência: "A coisa mais difícil do mundo é" — e deixava que os alunos terminassem: "manter o equilíbrio". E eu estava descobrindo que isso era verdade.

Em 4 de outubro de 1948, a garota que entregava a correspondência no dormitório colocou por baixo da porta a primeira carta de Jim. Eu a abri com dedos trêmulos. Esperava que ele começasse com "Queridíssima Bett", mas ele buscou refúgio numa única palavra ministerial: "Amada". A carta fora datilografada, o que a fazia parecer impessoal — e me fez questionar se ele estaria fazendo fotocópias.

> É difícil extrair das nebulosas que se formaram ao pensar nesta carta alguma ideia perspicaz para impressioná-la imediatamente; desse modo, não tentarei fazê-lo, mas procederei como se estivesse escrevendo na minha capacidade atual por um bom tempo. Recebi seu cartão na quarta-feira à tarde; perspicaz... devastadoramente perspicaz. [O cartão dizia apenas: "Sinto saudades. Bett".]
>
> Gostaria de ter aqui um "medidor de sentimentos" para transcrever o que vem acontecendo em meu íntimo nos últimos dias. Começou com aquela palavra que acredito

ter falado quando estávamos juntos na capela na última manhã — *tremendo*.

E pelo que alguém como eu deveria estar tremendo? Três coisas: você, eu e Deus. Você: tremo ao pensar que minha audácia ao lhe declarar meus sentimentos esteja de fato afetando toda a sua vida. Penso que será quase impossível discernir a mente do Senhor quanto a você sem que lute com um labirinto de pensamentos e sentimentos sobre mim. Você já deve ter aprendido um pouco a esse respeito ao pensar em sua inscrição para a agência de missões na África. E se, em um teste real, seu sentimento superar sua fé? De quem, então, será a responsabilidade? *Não será inteiramente sua.* Por isso, temo que eu, saindo do caminho do Senhor por apenas um momento, atraia você comigo e, assim, seja responsável pela "perda" de duas vidas.

Eu: Não consigo, por mais que me esforce, entender meu coração. Em algum lugar nas profundezas sombrias da consciência, há um grande monstro a quem chamarei, por ora, de "Vontade". Esta é a única coisa constante a meu respeito: desejo. Para a grande consternação de Freud, não posso chamá-lo de "apetite sexual", pois descobri que isso não é capaz de fartar o estômago do bruto. Ele exige uma dieta mais variada e não tão fácil de obter quanto essa. Sou muito grato porque o *Nirvana* budista não é o ápice da vida espiritual; do contrário, eu seria o menos espiritual de todos os homens se a saciedade absoluta fosse o ideal. O bruto não é o espírito nem a alma, muito menos o corpo; em vez disso, é o EU que fala dessas outras coisas, discute sobre elas, ri e pede mais. Ele é a vida. Ele está imerso, lá no fundo, desejando algo que não pode nomear. O mais próximo que ele consegue chegar é com a palavra *Deus*. E Deus o alimenta quando eu permito. Tolo, não? Para quem, então, sou "eu"? Bem, eu não pretendia que isso fosse metafísico, mas o que quero dizer é que há, no íntimo, uma fome de Deus, dada por Deus, saciada por Deus. Só posso ser feliz quando estou consciente de que ele está fazendo no íntimo o que ele quer. O que me faz tremer é que posso permitir que outra coisa (Betty Howard, por exemplo) ocupe o lugar que meu Deus deveria ter. Agora, algo me diz que talvez eu possa ter os dois. Não sou avesso a isso, entenda; apenas tremo diante da possibilidade de pensar erroneamente que você seja uma das maneiras pelas quais Deus pretende entrar.

Deus: ou melhor, o Senhor Jesus. Tremo para não ofender de maneira alguma meu Eterno Amado. E, seja lá o que se passe entre nós, tomemos nota disto: tudo será revogado pelo comando dele. Eu sou alguém rústico demais para ser "guiado pela Pomba". Oh, quão delicadas são as provocações do meu Amado, e quão insensíveis são minhas respostas! Acima de tudo, desejo que ele encontre em mim o penoso trabalho de sua alma e fique satisfeito.

## Enfim, uma carta

Mas isso é algo difícil quando falo com você, pois, de alguma forma, há um conflito entre agradar a Deus e ter você. Não pretendo explicar isso; só posso descrever o que sinto, e não consigo fazê-lo adequadamente.

Desde que você se foi, é como se um filme passasse pela minha alma. Meu fervor genuíno em oração se foi por dois dias — havia entulho demais, de tal forma que não conseguia erguer o muro. (Veja Neemias 4.10 quanto a isso.) Observe, não foram os opositores externos que dificultaram o trabalho, mas a desordem interna. Não tanto a "destruição" pelas forças externas quanto a "deterioração" interior. Mas a prova da mão de Deus vem na resposta afirmativa à zombaria de Sambalate no versículo 2: "Renascerão, acaso, dos montões de pó as pedras que foram queimadas?". Os judeus zelosos o fizeram. Aplique isso a nós e imagine um pouco. Estamos dispostos a construir com a espátula em uma mão, enquanto nossa outra mão empunha a espada? A edificação (a obra de Deus) deve continuar e, se houver uma batalha enquanto edificamos, muito bem, vamos fortalecer os "lugares baixos e abertos" (v. 13). E digo-lhe as palavras de Neemias aos nobres: "Grande e extensa é a obra, e nós estamos [...] separados [...] o nosso Deus pelejará por nós" (vv. 19-20).

Devo confessar-lhe, Betty, que me arrependo de ter chegado tão longe quanto chegamos em nosso contato físico, e aquilo foi muito pouco aos olhos da maioria. Devemos nos proteger disso se estivermos juntos novamente, pois isso me deu um apetite aguçado por seu corpo, o que descobri ser "escombros" impedindo-me de prosseguir na obra. Você deve ser dura comigo a esse respeito. Sei que não temos a mesma mente ou constituição, e sinto que preciso mais da sua do que você precisa da minha. Nietzsche tem uma palavra para nós aqui: "Deve-se parar de se permitir comer quando se é mais saboroso: isso, sabem aqueles que querem ser amados longamente". Você entende o que ele quer dizer com isso: "Por tempo demais, ocultaram-se um escravo e um tirano na mulher. Por isso a mulher ainda não é capaz de ter amizade: ela conhece apenas o amor". Foi o que encontrei em Billy: nem um adorador (embora ele me amasse) nem um senhor supremo (embora ele fosse muito estimado). Nós nos conhecemos como cães igualmente aos pés do Onipotente. Gostaria que fosse assim entre mim e você. Não tema ferir-me com a Espada Viva; sim, golpeie com esse propósito. Seja mais que uma amante; seja uma amiga. Falamos sobre isso naquele encontro, enquanto víamos o nascer da lua. "[...] que vos ameis uns aos outros; assim como eu vos amei [...]" Lembra?

Mas como devo louvar ao Senhor por remover o filme justamente nesta manhã? A confissão é boa para a alma; e, para mim, nesta manhã, mostrou-se imperiosa.

### Enfim, uma carta

Lancei tudo sobre ele, e a verdade de João sobre "purificar de todo pecado" foi muito preciosa. Oh, como ele docemente "pregou paz" para alguém que estava longe (Ef 2.13, 17). [...] Intimidade foi o tema do meu cântico, e os pensamentos parecem bem expressos no hino 136 do hinário Little Flock. Nossa alma se aproxima, o véu se rasgou; / Ao trono da graça podemos nós chegar; / Revelam-se os méritos de Cristo, o Senhor, / Inundando de glória o santo lugar.

Ó, Bets, que jamais sejamos "distraídos" em nosso caminhar. Apenas para lhe mostrar quanto sou um mau jornalista, cito meu tempo na composição desta carta: duas horas. Parte disso é culpa da datilografia, tenho certeza!

Você recebeu livramento à moda de Salmos 116.8? "Pois livraste da morte a minha alma, das lágrimas, os meus olhos, da queda, os meus pés."

Com ternura,

Jim

## *Apetites aguçados*

### 27

Aquele "filme passando pela minha alma" sobre o qual Jim escreveu, aquele arrependimento de "ter chegado tão longe quanto chegamos em nosso contato físico", aquele "apetite aguçado", aqueles "escombros" — o que dizer de tudo isso?

Uma questão de castidade. Uma palavra fora de moda, diz o mundo, mas a verdade é que se trata de uma obrigação cristã. Significa abstenção da atividade sexual. Para o cristão, existe uma — e somente uma — regra: abstenção total da atividade sexual fora do casamento e fidelidade total dentro do casamento. Ponto. Nenhum "se", "mas" ou "talvez". Monges e freiras fazem votos de castidade, o que, para eles, significa uma vida inteira de continência, já que não se casam. Alguns estão tentando mudar isso. Recentemente, um grupo de monges perto de Boston vem explorando "alternativas para a expressão sexual fora do casamento". Receio que eles tenham escolhido uma boa área para fazê-lo; porém, entre todas as pessoas, aqueles monges não precisam perder seu tempo. O trabalho já está feito. Cada alternativa está sendo explorada todas as noites nas quarenta faculdades e universidades (para não mencionar os seminários teológicos) daquela cidade. Deixem os mosteiros se dedicarem a outras coisas.

Por "contato físico", Jim se referia ao fato de eu ter segurado seu braço enquanto caminhávamos; de termos encostado os ombros um no outro ao nos sentarmos juntos; e de ele, repentinamente, ter-se deitado com a cabeça no meu colo, uma única vez, quando estávamos sentados em um banco do parque. Meus dedos alisaram seus cabelos.

*Casto* significa "aquele que não se entrega a atividades sexuais ilícitas". Quem nos acusaria de ter feito isso?

Estávamos tentando viver honestamente diante de Deus, não diante de qualquer tribunal mundano. Os cristãos de nossa época se agarravam nos carros (*dar uns amassos* era o termo usado em nossa faculdade), caminhavam de mãos dadas no *campus*, beijavam-se nos saguões dos dormitórios. Quando os palestrantes vinham ao *campus*, a pergunta que os alunos sempre faziam era como estabelecer os limites: até onde eles poderiam ir?

Nós reconhecíamos ser fortemente atraídos um pelo outro. Havia "faíscas" quando estávamos juntos. Aqueles apetites perfeitamente humanos e perfeitamente naturais eram aguçados ante o toque mais singelo; e a ideia de um bom e prolongado abraço ou até mesmo de um único beijo breve soava como o próprio paraíso.

A honradez nos obrigava a admitir que não estávamos exatamente certos de onde a "linha" *deveria* ser traçada, e estávamos lidando com uma força potencialmente incontrolável. Para nós, castidade significava não encarar de forma leviana qualquer ato ou pensamento que não fosse apropriado ao tipo de compromisso que tínhamos com Deus.

Cada coisa em seu devido lugar. A obra de Deus, o "edificar", era o que, em primeiro lugar, buscávamos. "Estamos dispostos a construir com a espátula em uma mão, enquanto a outra mão empunha a espada?", perguntou Jim. É difícil imaginar como poderíamos nos entregar a outras distrações ao mesmo tempo.

Tudo o que é perfeitamente humano e perfeitamente natural em nós deve, acima de tudo, tornar-se uma oferta a Deus. O corpo deve ser um sacrifício vivo, santo e agradável a Deus. Com essa oferta, ele não se torna inumano nem antinatural, assim como o corpo que Deus preparou para seu Filho Jesus, o qual ele ofereceu de volta ao Pai, não se tornou inumano nem antinatural ao ser oferecido. Ainda é humano; ainda é natural. Mas é santo. E agradável.

> Pois esta é a vontade de Deus: a vossa santificação, que vos abstenhais da prostituição; que cada um de vós saiba possuir o próprio corpo em santificação e honra, não com o desejo de lascívia, como os gentios que não conhecem a Deus; e que, nesta matéria, ninguém ofenda nem defraude a seu irmão; porque o Senhor, contra todas estas coisas, como antes vos avisamos e testificamos claramente, é o vingador, porquanto Deus não nos chamou para a impureza, e sim para a santificação. Dessarte, quem rejeita estas coisas não rejeita o homem, e sim a Deus, que também vos dá o seu Espírito Santo (1Ts 4.3-8).

## Quanta coisa um beijo pode revelar?

28

"Como você pode saber se quer se casar com alguém que nunca beijou?", já ouvi algumas alunas indagarem. Minha resposta: "Mas como você pode dizer que quer se casar com alguém só porque o beijou?".

Essa intimidade é desnecessária.

Quando Abraão enviou seu servo para encontrar uma esposa para Isaque, ninguém sugeriu que o casal se experimentasse por meio da intimidade. O servo, uma terceira pessoa, teve de examinar a moça e avaliar se ela era digna e adequada. Ele foi para o lugar mais óbvio — o poço fora da cidade, aonde as mulheres viriam. Ele orou em silêncio, observando o tempo todo. Ele havia pedido especificamente a Deus que lhe desse um sinal: a garota a quem ele pedisse para lhe dar de beber não apenas atenderia ao seu pedido, como também daria de beber aos seus camelos. O servo continuou observando "em silêncio, atentamente, para saber se teria o Senhor levado a bom termo a sua jornada ou não".

Foi Noemi, a sogra de Rute, quem escolheu um marido para sua nora e lhe disse exatamente os passos que ela deveria seguir. Boa parte da raça humana tem tido casamentos arranjados, e a taxa de sucesso desse tipo de união parece ser muito mais alta do que a do nosso tipo "faça você mesmo". Recentemente, um missionário me falou dos seminários sobre casamento que ele está realizando para indígenas no norte de Ontário. "Quer dizer que eles têm problemas conjugais?", perguntei. (Os índios com quem trabalhei na América do Sul nunca sequer pensavam em problemas conjugais.)

"E muitos!", respondeu ele. "Desde que começaram a seguir o homem branco e desistiram dos casamentos arranjados."

É pouco provável que nossa sociedade volte a consentir com casamentos arranjados. Estamos presos a este nosso sistema indefinido. Ainda assim, é possível aprender muito sobre um parceiro em potencial apenas mediante observação.

Não há lugar melhor do que um *campus* universitário para observar quem realmente é aquele homem ou aquela mulher. A uma distância respeitosa, sem nenhum conhecimento da parte dele, eu tive a oportunidade de observar o caráter de Jim Elliot. Já mencionei como eu o observava nas filas do refeitório, com suas pilhas de cartões — um homem que era cuidadoso com seu tempo. Notei seu entusiasmo e simpatia. Eu sabia que tipo de aluno ele era. Eu o vi lutar (ele ganhou um campeonato em quatro estados), observei-o ao liderar a Foreign Missions Fellowship, ouvi-o orar. Não havia nada de pomposo ou sufocante nele. Notei suas roupas. Ele gastava muito pouco com elas — usava por anos a fio os mesmos dois ou três pares de calças, o mesmo paletó, o mesmo suéter. Ele mal tinha noção de estilos ou cores, mas não era desleixado. Isso não provava que ele era o homem a quem eu buscava, mas me dava uma pista de que as roupas não representavam sua principal preocupação. Quando começamos a nos conhecer melhor por meio de conversas, descobri que meus palpites estavam certos. Muito antes de ter qualquer razão para achar que ele estava interessado em mim, concluí que ele era o tipo de homem com quem eu esperava me casar. Beijar e dar as mãos não acrescentariam nada a essa convicção (qualquer pessoa pode beijar e dar as mãos). Pelo contrário; na verdade, teria subtraído algo muito importante. Eu queria me casar com um homem preparado para remar contra a maré.

Eu estava convencida de que ainda restariam no mundo alguns homens com esse tipo de força. Presumia que tais homens também estariam à procura de mulheres de princípios. Eu não queria estar entre os produtos com desconto na seção de recondicionados — produtos baratos, pois já haviam sido apalpados e devolvidos. Multidões se aglomeram ali. São poucos os que pagam o preço cheio. "Você recebe de acordo com o que paga."

> Porque assim o Senhor me disse, tendo forte a mão sobre mim, e me advertiu que não andasse pelo caminho deste povo, dizendo: Não chameis conjuração a tudo quanto este povo chama conjuração; não temais o que ele teme, nem tomeis isso por temível. Ao Senhor dos Exércitos, a ele santificai; seja ele o vosso temor, seja ele o vosso espanto (Is 8.11-13).

*Paixão & Pureza*

É uma mentira poderosa a ideia de que, uma vez que o desejo sexual é natural, saudável e dado por Deus, tudo o que eu fizer por causa desse desejo será natural, saudável e agradável a Deus.

"Como algo que faz com que eu me sinta tão bem pode ser tão ruim?" "A intimidade é um ato de adoração."

"Negar a si mesma a expressão desse desejo é perigoso — é repressão, conduzirá à perversão, e assim por diante."

"Quando se é jovem, não é possível controlar todo esse fogo."

Mentira, tudo mentira.

Os cristãos de hoje em dia que compram esse lixo não têm honra. Perderam as noções de fidelidade, renúncia e sacrifício, porque nada parece merecer todo esse esforço. Não há nada pelo qual eles paguem o preço de uma abnegação real, consciente, dolorosa e realista — *exceto* (e eu estou convencida de que essa é uma exceção expressiva) ganhos visíveis, como dinheiro e esportes. Se os jovens têm heróis hoje em dia, são os atletas. Se têm modelos de perseverança, sacrifício e autodisciplina, são os atletas. Se um homem nega a si mesmo conforto, férias, prazeres com sua família, noites em casa ou a satisfação desenfreada de qualquer apetite que sinta, geralmente é por dinheiro. Ninguém se preocupará muito com o fato de ele se reprimir, ser fanático ou esquisito, desde que dinheiro seja o motivo.

Se seu objetivo for a pureza de coração, esteja preparada para ser considerada muito esquisita.

## Eles não se abstêm de nada

### 29

Como posso tratar uns poucos beijos irresponsáveis como pecado, diante de uma geração criada sob a premissa de que quase todo mundo vai para a cama com todo mundo? Entre os que estão à deriva no mar da permissividade e da autoindulgência, ainda há alguém que procure no céu a luz do farol da pureza? Se eu não cresse que há, não me daria o trabalho de escrever.

Temo que a pureza, na mente das pessoas, seja confundida com a caricatura do puritanismo, o qual, na imaginação popular, é uma revolta sisuda e irritadiça contra todos os prazeres da carne. Na verdade, os puritanos eram pessoas da terra, robustos em sua afirmação da vida, e não eram de modo algum "vitorianos" (outro termo grosseiramente mal compreendido hoje em dia, por ter sido transformado em sinônimo de tudo que é negativo). Nem o conceito de pureza nem as doutrinas dos puritanos rejeitam a vida. Em vez disso, remetem-na ao próprio Doador da vida. Pureza significa estar isento de contaminação, de tudo aquilo que possa estragar o sabor ou o prazer, reduzir o poder ou, de alguma forma, adulterar o que determinada coisa deveria ser. Significa limpeza, limpidez — sem aditivos, nada artificial —, e designa, em outras palavras, aquilo que é "cem por cento natural", no sentido de que permanece como o Projetista original o projetou para ser.

Eu posso afirmar, categoricamente, que beijar é pecado? Digo que pode ser. Pode anestesiar, tirar o sabor e o prazer futuros. Pode reduzir o poder. Pode distrair o coração. Não quero ser culpada de farisaísmo. Jesus condenou os fariseus por ensinarem doutrinas que eram preceitos de homens. Eles professaram muito, mas exemplificavam pouco do que professavam. A adoração deles era vã, pois cultuavam da boca para fora, enquanto seu coração estava longe de Deus. A direção do coração é sempre a questão central. Deus sabe onde o coração está firmado. Podemos enganar os outros. Podemos facilmente nos enganar. Mas ao coração humilde e honesto a verdade sempre se mostrará.

"Reconhecemos que todos somos 'senhores do saber'. O saber ensoberbece, mas o amor edifica. Se alguém julga saber alguma coisa, com efeito, não aprendeu ainda como convém saber. Mas, se alguém ama a Deus, esse é conhecido por ele." Paulo escreveu isso para pessoas que estavam confusas sobre se era certo ou errado comer a comida que fora oferecida a ídolos. "Não é a comida que nos recomendará a Deus, pois nada perderemos se não comermos, e nada ganharemos se comermos. Vede, porém, que esta vossa liberdade não venha, de algum modo, a ser tropeço para os fracos. [...] E, por isso, se a comida serve de escândalo a meu irmão, nunca mais comerei carne, para que não venha a escandalizá-lo" (1Co 8.1-3, 8, 9, 13).

## *Eles não se abstêm de nada*

Era o princípio do amor que nos constrangia, a Jim e a mim, a irmos devagar, a mantermos o outro à distância de um braço, sabendo que pertencíamos primeiro a Cristo, desejando que ele reivindicasse as afeições do nosso coração acima de qualquer outra pessoa.

William Wilberforce escreveu em *Cristianismo verdadeiro*:

> Acima de tudo, avaliem seu progresso por meio de sua experiência com o amor de Deus e do exercício desse amor diante dos homens. [...]
>
> Em contraste, é servil, básica e mercenária a noção da prática cristã entre os cristãos nominais. Eles não dão nada além daquilo que não ousam reter. Eles não se abstêm de nada, a não ser daquilo que não devem praticar. Quando você lhes declara a qualidade duvidosa de qualquer ação, e a consequente obrigação de evitá-la, eles respondem, no espírito de Shylock, que "não podem encontrá-la na fronteira".
>
> Em resumo, eles conhecem o cristianismo somente como um sistema de restrições, posto à parte de qualquer princípio liberal ou generoso, considerado quase inadequado para os relacionamentos sociais da vida, e apropriado somente para as paredes soturnas de um monastério no qual o confinariam.

Mas os verdadeiros cristãos se consideram não como se estivessem satisfazendo a um rigoroso credor, mas como se estivessem pagando uma dívida de gratidão. Não veem seu compromisso como um retorno limitado de obediência forçada, mas como a medida ampliada e liberal de um serviço voluntário.[23]

Muito bem colocado: uma dívida de gratidão, uma medida liberal de serviço voluntário. Não posso impor nada disso a ninguém como uma "lei".

O amor de um homem por uma mulher deve fazê-lo considerá-la em alta conta. O amor dela por ele deve fazer o mesmo. Eu não queria desviar Jim do chamado de Deus, distrair suas energias ou, de qualquer forma, representar um obstáculo à sua entrega total. Eu entendia que era isso o que *amor* verdadeiro significava. "E o amor *é este*: que andemos segundo os seus mandamentos. Este mandamento, como ouvistes desde o princípio, é que *andeis nesse amor*" (2Jo 6).

"Bem, funcionou para eles. Não significa que todo mundo precise fazer o mesmo..."

Deus conduz seus filhos amados por diferentes caminhos. Mas requer de todos eles o mesmo tipo de comprometimento. *Todo aquele* que deseja segui-lo deve:

> negar-se a si mesmo,
> tomar a cruz,
> seguir.

---

[23] William Wilberforce, *Cristianismo verdadeiro: discernindo a fé verdadeira da falsa*, trad. Jorge Camargo (Brasília: Palavra, 2006), 150.

### *Eles não se abstêm de nada*

Isso significa tentar, todos os dias, fazer o que ele manda fazer, e não fazer o que ele manda não fazer.

Existem alvos a serem alcançados e coisas a serem evitadas. Podemos não gostar de ordens e proibições, mas elas estão na Bíblia. Paulo deu muitas instruções práticas ao jovem Timóteo. Disse-lhe para rejeitar especulações tolas e ignorantes, para evitar tagarelice fútil, para fugir dos impulsos rebeldes da juventude e para buscar justiça, fé, amor e paz com os que, de coração puro, invocavam o Senhor. Repetidamente, ele o exorta a evitar discussões inúteis e a ser, ele mesmo, uma demonstração viva do que prega. Esse é um bom ensino para nós hoje. Devemos nos afastar daqueles que preferem debater a obedecer. Pois "haverá tempo em que não suportarão a sã doutrina; pelo contrário, cercar-se-ão de mestres segundo as suas próprias cobiças, como que sentindo coceira nos ouvidos; e se recusarão a dar ouvidos à verdade [...] Tu, porém, sê sóbrio em todas as coisas, suporta as aflições, faze o trabalho de um evangelista, cumpre cabalmente o teu ministério" (2Tm 4.3-5).

# Um "pequeno" pecado

## 30

"Ele me deu liberdade para escrever, se quisesse — para mim, não há pecado", escreveu Jim algumas semanas depois de começarmos a nos corresponder, quando eu, como de costume, mostrei-me cheia de dúvidas sobre se estávamos agindo corretamente.

Contanto que minha consciência permaneça pura para com Deus em relação a você, o Espírito me deu liberdade para escrever quando quisesse. Mas nisso minha liberdade pode agora se haver tornado uma licença para levar as coisas longe demais, além do que você pode suportar, caso nossa relação seja cortada. Estou pronto a renunciar agora à nossa correspondência, se minha liberdade chegou ao seu limite e se impôs a você com resultados prejudiciais. Agora, sinto que está em suas mãos provocar o término disso. Você sabe, melhor do que ninguém, qual efeito nossa escrita está lhe causando. Minha resposta do Senhor sobre o casamento é, agora, um evidente *não*, enquanto as condições atuais prevalecerem, sem disposições sobre o que pode acontecer quando e se elas mudarem. Você suporta continuar alimentando em si um amor crescente, que pode ser interrompido sem qualquer realização em algum momento no futuro? Uma palavra sua resolverá isso.

Minha palavra foi que continuássemos escrevendo. A liberdade de Jim me libertou.

Uma coisa estranha aconteceu durante o último ano de Jim na faculdade. Ele a chamou de sua Renascença — uma nova abertura para a vida social e amizades com pessoas que ele não considerava particularmente "espirituais"; a liberdade para sair com garotas quando tivesse vontade; e uma grande quantidade de palhaçadas, dando vazão a seu talento nato para atuar e fazer mímicas. Eu recebi a notícia por terceiros e me senti ofendida. O que havia acontecido com ele?

Certamente, um psicólogo poderia explicar com facilidade. A explicação de Jim foi simplesmente que o Senhor o havia libertado de algumas antigas restrições, permitindo-lhe ser mais comunicativo, quebrar barreiras, aproveitar as coisas. Ele admitiu que fora longe demais. Outros alunos, por carta, relataram-me alguns "incidentes de beijo". Perguntei-lhe a respeito, e ele respondeu:

> Eu estava lá, falei e fiz como lhe foi dito, inteiramente na carne. E o mesmo "eu" escreveu sobre "pureza no meu amor". Cabe a você julgar se essa última atitude foi movida pela carne ou pelo espírito. Isso manchou minha

consciência, machucou você, fez outros tropeçarem e trouxe desonra a Cristo — e, por tudo isso, sinto agora uma tristeza avassaladora. O ato, o efeito dele, o arrependimento por ele, tudo será consumido pelo piscar dos olhos do meu Juiz, e hei de sofrer dano. Há um fim para isso, e será um fim custoso.

Não se tratava de uma nova concepção — a de que o relacionamento mais importante na vida de um homem é governado por princípios muito mais rígidos do que os casuais. Como as garotas que ele beijara não "significavam nada" para ele, a princípio ele encarou o assunto com alguma leviandade. Eu não. Eu esperava perfeição de Jim — ou, pelo menos, a força da consistência. Não encontrei isso nele, assim como ele, é claro, não encontrou perfeição nem consistência em mim; mas ele se arrependeu.

Não experimentei o arrependimento com lágrimas que gostaria de ter tido por haver andado errante e causado que outros se desviassem comigo. O Dr. Brooks [o decano] está certo ao dizer que tenho muito o que lamentar ao considerar seriamente o ano passado. Mas, dito isso, devo reconhecer também que, ao mesmo tempo, sinto grande gratidão a Deus. "Impossível", você diz? Tudo bem, mas é assim que é. Confessei a Deus, à minha turma, aos colegas da Foreign Missions Fellowship, a você, a outras pessoas, e me sinto aliviado. Se há algo mais que devo fazer, estou pronto para ser repreendido. Você espera ainda mais de mim?

O que mais eu poderia esperar? Jim Elliot era um homem. Homens são pecadores. Essa é a verdade pura e simples. Ele era meu ideal, mas eu tinha de aceitar a verdade. Ele me decepcionara. Eu não o havia desapontado tantas vezes?

> Se dissermos que não temos pecado nenhum, a nós mesmos nos enganamos, e a verdade não está em nós. Se confessarmos os nossos pecados, ele é fiel e justo para nos perdoar os pecados e nos purificar de toda injustiça. Se dissermos que não temos cometido pecado, fazemo-lo mentiroso, e a sua palavra não está em nós. [...] Jesus Cristo [...] é a propiciação pelos nossos pecados (1Jo 1.8-10; 2.1-2).

# Uma gruta e uma fogueira de toras

## 31

A próxima carta de Jim começava com um poema original.

Ouves tu o *silêncio* do meu coração, Senhor;
podes contar as lágrimas
que jamais chegaram aos meus olhos?
E esses anelos, Senhor,
que não cabem em minhas palavras;
haverás tu de alimentar esta fome oculta,
desejo, gerado pelo Espírito,
que por alguma razão vacila em se erguer?

Sim, ó Alma,
a eternidade afinou meu ouvido para o silêncio,
meu próprio coração transborda
de lágrimas há muito não derramadas;
o santuário secreto de reverência indizível
é minha antiga morada;
e nas profundezas do espírito fiz minha cama.

Um ano inteiro se passou antes que eu voltasse a ver Jim. Nós nos correspondíamos, mas não com frequência. Terminei o curso da escola bíblica, e ele terminou a faculdade em junho de 1949. Fui trabalhar com a Canadian Sunday School Mission [Missão Canadense da Escola Dominical] em Paciência, um lugar isolado no interior de Alberta. Eu precisava de Paciência. Jim me enviou Isaías 59.9: "Esperamos pela luz, e eis que há só trevas; pelo resplendor, mas andamos na escuridão".

Em agosto, a mãe dele me escreveu convidando-me para passar por Portland em meu caminho de volta para casa. O diário está cheio de dúvidas e certeza — é errado ir; não há problema em ir; Deus está me conduzindo; não, é apenas minha própria obstinação em ter um vislumbre de Jim. Devo aceitar o dinheiro que meus pais me enviaram como um "sinal"? E o que dizer da carta da sra. Elliot? De fato, Jim ficaria se eu fosse, ou isso o pressionaria...? E assim por diante. Aceitei o convite e peguei um ônibus da empresa Greyhound.

Ao partir de Seattle, sentei-me ao lado de um marinheiro que estava tão ansioso para ler seu livro quanto eu, então não houve bate-papo até nos aproximarmos de Portland. Ele olhou para mim e disse: "Nunca vi ninguém se sentar tão imóvel. Você não moveu um músculo durante toda a viagem. Está com medo ou algo assim?". Eu estava doente de expectativa. Quando o ônibus chegou à estação, não havia ninguém para me receber. Fiquei vagando de um lado para o outro; parecia que meus piores medos estavam se materializando. Então, lá estava ele, parado no lugar errado, fitando os ônibus que chegavam. Ele estava de costas para mim. Parei, perguntando-me

## Uma gruta e uma fogueira de toras

o que fazer ou dizer. Algo o fez se virar, e ele abriu o velho sorriso: "Oi, Betts".

Os primeiros dias foram gastos participando de reuniões na Casa de Oração. Era a conferência anual do Dia do Trabalhador, e os homens da família Elliot estavam à frente de muitas coisas — como oradores na plataforma, administrando tudo nos bastidores, circulando como anfitriões. Tivemos pouco tempo para conversar até que tudo acabasse, quando, então, fomos ao Mount Tabor Park. Sentamo-nos na grama. *Lá vamos nós*, pensei. De novo, porém, era Isaías 59.9. Ainda esperando pela luz. Ainda nenhuma palavra sobre se Deus o havia feito "mudar de ideia". Por que eu havia alimentado uma esperança tão tola? Bem, porque eu não conseguia lutar contra a esperança.

Certa manhã, ajudei a mãe de Jim a lavar as roupas e, enquanto ela tirava os lençóis da máquina, falou-me de repente: "Eu conheço esses Elliot. Eles nunca conseguem tomar uma decisão. Se eu fosse você, diria a Jim que é agora ou nunca".

Eu sabia muito bem qual seria a resposta de Jim: *nunca*. Eu preferia deixar espaço para ter esperança. Fiquei incomodada com o conselho dela. Ela estava colocando Jim no mesmo saco dos demais, seu pai e os dois irmãos. Eu estava tentando, ao máximo, acreditar que ele tinha um motivo melhor do que simplesmente ser incapaz de tomar uma decisão. Sua mãe abalou minha confiança.

Fomos passar o dia na magnífica costa do Oregon. Descemos pela densa floresta de abetos até uma enseada isolada, onde exploramos grutas marinhas e nadamos no gelado Pacífico.

Fizemos uma fogueira de toras. Sentados bem próximos um do outro, vendo o sol afundar no mar cintilante, a tentação de nos expressarmos, de fazermos o que tínhamos vontade de fazer, era quase sufocante. Como a escolha final já fora feita havia muito tempo, pela graça de Deus não sucumbimos.

Escrevo estas palavras por um motivo: mostrar que é possível a dois jovens, cheios de todos os fluidos de que o Criador dotou a juventude, resistirem à tentação.

Eles não podem fazer isso a menos que tenham um motivo que faça valer a pena.

Não podem fazer isso por conta própria.

"Aquele, pois, que pensa estar em pé veja que não caia. Não vos sobreveio tentação que não fosse humana; mas Deus é fiel e não permitirá que sejais tentados além das vossas forças; pelo contrário, juntamente com a tentação, vos proverá livramento, de sorte que a possais suportar" (1Co 10.12-13).

Ele nos capacitou a suportar.

Uma palavra de advertência: não é uma boa ideia entrar em grutas ou sentar-se perto de fogueiras em lugares solitários se você ainda não tiver certeza de quem é seu Deus. Paulo aconselhou o jovem Timóteo a "fugir das paixões da mocidade" (2Tm 2.22). Não vá correr para cima delas e, depois, culpar Deus se a tentação for grande demais para você.

# Como dizer não?

No mês passado, em uma conferência para solteiros no noroeste do país, recebi um pedaço de papel azul que dizia: "Como dizer não a um rapaz/uma garota? Como manter uma distância segura?".

Sorri por dentro, pensando em como a resposta era simples. Existem duas maneiras de fazer isso: a língua portuguesa e a linguagem corporal. Você diz "não" e vai embora.

Mas sempre tenho de explicar às pessoas que, quando digo que há uma resposta simples, não quero dizer necessariamente que exista uma resposta fácil. É bem fácil de entender — em outras palavras, é *simples*. Mas fazê-lo é simplesmente difícil. Sempre há aquele conflito fundamental subjacente: o bem que quero fazer contra o mal que não quero fazer; e aquele desejo, que parece tão bom em si mesmo, contra o desejo mais profundo de amar meu Mestre acima de todas as pessoas e de todas as coisas.

Você tem de pedir socorro. O socorro certamente virá. Quando oro por isso, às vezes me vêm à mente as palavras de um antigo hino evangélico que costumávamos cantar nas orações familiares:

Pede a Cristo socorro, firmeza na tentação;
ele está sempre disposto a carregar-te em suas mãos.

A canção se chama "Yield Not to Temptation" [Não cedas à tentação].[24] Não é pecado ser tentado, mas, sim, ceder à tentação. Precisamos insistentemente pedir ao Salvador que nos socorra, nos conforte, nos dê firmeza e nos sustente. Ele não está hesitante. Ele está disposto. Ele carregará você em suas mãos, se você quiser ser carregada. Mas você precisa querer.

Isso, então, significa que meus motivos devem ser absolutamente puros? Isso significa que devo ter resolvido de uma vez aqueles conflitos que já mencionamos? Se assim fosse, eu não teria nenhum testemunho para dar. Estas páginas devem deixar bem claro que o conflito continuava a assolar. Mas as vontades de duas pessoas haviam sido oferecidas a Deus. O amor de seus corações lhe fora confiado. Ele nos socorreu. Ele nos carregou.

Um dos momentos em que ficamos juntos, a sós, foi durante uma viagem ao Monte Hood. Aproveitamos o dia para dirigir até o Timberline Lodge e percorremos quilômetros de trilha acima e por volta das encostas e dos prados alpinos. Almoçamos na grama, perto de um pequeno riacho cristalino, onde vimos um rato-dos-lameiros mergulhar e dardejar pela água. À noite, paramos em uma densa floresta de abetos, na descida, para comer a única coisa que havíamos trazido: uma lata de feijão cozido. Jim se esquecera de trazer um abridor de

---

24  Horatio R. Palmer, "Yield Not to Temptation", extraído de *Songs for Christian Worship* (Board of Education of the United Presbyterian Church of North America).

latas ou talheres, então a abriu com seu canivete, e eu fiz um corte profundo no dedo tentando usá-lo de colher. Ainda tenho a cicatriz. Uma semana depois, ele escreveu:

> A esta hora, uma semana atrás, estávamos voltando para casa do acampamento na floresta, bem conscientes de que seria nossa última noite juntos. Parece que foi há séculos que comemos aqueles feijões enlatados ali, no escuro. Lembro-me de soar ridículo quando, ao sairmos daquele lugar, disse algo sobre sua "moralidade militante" — e ouvi você dizer algo sobre sermos gratos — e, depois, a longa viagem em silêncio e lágrimas. [...]
>
> Você ainda crê que *Deus* a trouxe até aqui? Eu creio. Digo sem reserva ou ressalva. Além disso, agora amo você pela fé. O que Deus está fazendo, não sei dizer, mas eu sei do seguinte: *ele* nos tem conduzido juntos. Confio que Deus há de aperfeiçoar em você essas falhas óbvias [Jim se referia a críticas que a família Elliot fizera a meu respeito, as quais ele me exortou a corrigir]. Se essas coisas a deixarem com raiva ou triste até as lágrimas, volte novamente a Salmos 138.8:
>
>> "O que a mim me concerne o Senhor levará a bom termo; a tua misericórdia, ó Senhor, dura para sempre; não desampares as obras das tuas mãos."

"Não te indignes" foi um consolo na noite de terça-feira passada. Hoje à noite também, pois as lágrimas já cessaram em mim. Gostaria de saber que seus olhos estão secos esta noite. Isso me leva a outro assunto. À luz de nossa fragilidade, Betts, ousamos pedir ao Senhor que nos tire desta "habitação em silêncio"? Enquanto eu a observava chorar no ônibus (perdoe-me por não atender ao seu pedido de que eu fosse embora, mas, de algum modo, eu não conseguia ir, sabendo que você ainda estava ali para ser vista), continuava a ressoar profundamente em meu íntimo "What shall I give my love" [O que devo dar a meu amor],* de Teasdale. "Como lhe poderia dar o silêncio — perpetuamente?" Cada vez que nos separamos tem sido mais difícil. Não quero me separar de você dessa forma outra vez. Por isso, orei, trêmulo, para que o Senhor não nos deixasse ver um ao outro novamente sem nos dar alguma certeza de seu objetivo final em relação a nós. Essa separação para um "silêncio indefinido" é terrível. Assim, embora possamos querer ficar juntos novamente neste outono, acho que seria melhor se orássemos — "Senhor, mostre-nos alguma palavra de certeza". Ah, não sei como dizer. Você entende?

\* Indago do céu estrelado:
"ao meu amor, que darei?".
Silêncio é sua resposta,
silêncio do alto escutei.

## *Como dizer não?*

Indago do mar mais profundo,
onde os cardumes povoam.
Silêncio é sua resposta,
silêncio de baixo ressoa.

Poderia lhe dar o meu pranto,
cantar poderia também —
Mas, oh, como dar-lhe silêncio
por toda minha vida, e além?[25]

---

25 Sara Teasdale, "Night Song at Amalfi", extraído de *Love Songs* (New York: Macmillan and Company, 1917).

# Quatro pernas nuas

## 33

O que para Jim parecia "moralidade militante" era, em parte, o conhecimento profundamente arraigado numa mulher de que ela detém o controle da situação quando as paixões de um homem estão envolvidas. Ele será tão respeitoso quanto ela exigir e provavelmente se aproveitará de toda liberdade que ela lhe der, mesmo que ele tenha seus próprios padrões rígidos. Ele julgará quão recatada ela é, sempre testando os limites, sondando. Não necessariamente porque ele queira ir o mais longe possível. Às vezes, é por um confuso senso de obrigação, ou mesmo de cavalheirismo, um desejo de atender às expectativas dela. Sei que é assim, pois é o que os homens me dizem. Às vezes, ao levarem uma garota para casa após um encontro, eles dizem a si mesmos: *Acho que tenho de lhe dar um beijo de boa-noite. Preferia não ter de fazê-lo.* É um alívio quando a garota lhe diz que não quer ser beijada. Ele pode sentir-se aliviado até mesmo quando quer beijá-la, pois encontra nela mistério; e mistério é tanto surpresa como deleite.

*Paixão & Pureza*

"Mantenha distância", digo às mulheres. Reconheça esta anomalia fundamental da natureza humana: o fato de que valorizamos o que não podemos obter com muita facilidade. Nós subestimamos e, algumas vezes, até desprezamos aquilo que não nos custa esforço algum. A bicicleta ganha no Natal não será tão valorizada quanto a bicicleta comprada com o dinheiro poupado após dois ou três anos entregando jornais.

Essa inclinação não é nova. A única coisa proibida no Jardim do Éden foi a coisa mais desejada. As árvores frutíferas, das quais era possível comer livremente, foram subestimadas.

Se há uma razão pela qual o sexo se torna monótono e enfadonho, é por ser trivial. Está disponível em qualquer lugar, em todo lugar, para qualquer um que esteja à procura. Não há restrição alguma. Nenhum prazer é guardado para a noite de núpcias, muito menos exclusivamente para marido e mulher.

Tenho amigos que administram um resort em Poconos, um lugar especializado em luas de mel. Eles me contaram que, a cada refeição, precisam anunciar novas atividades e recreações. "Não queremos que eles fiquem entediados e vão embora. Sabe como é: eles já fizeram tudo antes da lua de mel."

Sou, de fato, uma mulher bastante sentimental. Algumas de minhas restrições nada tinham a ver com moralidade militante, ou mesmo com princípios cristãos, mas com o prazer bem concreto de deixar o melhor para o final. Quando eu era criança, o êxtase da época do Natal residia em saber que havia segredos que vinham sendo guardados; coisas acontecendo a portas fechadas; caixas embrulhadas e escondidas, que não deveriam ser tocadas até o momento adequado. Sempre amei mistério e surpresa.

Eu costumava deixar a melhor garfada do meu prato para o final. (Na verdade, devo confessar: ainda faço isso!) Não podíamos comer a sobremesa antes de terminarmos o prato de espinafre — e, em certo sentido, eu não queria fazê-lo. Hoje em dia, às vezes meu marido me oferece um chocolate imediatamente antes do jantar. Eu não aceito. O lugar dos chocolates é depois do jantar.

Nunca quis ler a última página de um livro antes de haver lido todas as páginas anteriores. Há prazer em fazer as coisas na ordem adequada.

Há certas coisas que são apropriadas ao amor de intimidade, mas que não são apropriadas ao amor de amizade. Há certas coisas que pertencem ao casamento, mas não ao namoro. Tudo tem seu tempo determinado, e há tempo para todo propósito debaixo do céu:

> há tempo para todo propósito debaixo do céu: [...]
> tempo de chorar e tempo de rir;
> tempo de prantear e tempo de saltar de alegria; [...]
> tempo de abraçar e tempo de afastar-se de abraçar; [...]
> tempo de estar calado e tempo de falar [...] (Ec 3.1, 4, 5, 7).

Você já percebeu que não se veem mais aquelas filas de carros estacionados na praia ou no parque da cidade, como costumávamos ver nas noites de sábado? Era comum vermos casais se beijando ou sentados no colo um do outro, aproveitando ao máximo os prazeres desse lado da consumação. Ninguém parece mais achar necessário ter de suportar o desconforto de um carro ou de não ultrapassar certos limites. Por que simplesmente não ir para a cama? Ninguém vai se importar. Um jovem rapaz cristão me contou que, ao visitar a namorada no fim de semana, ficou surpreso quando a mãe dela lhe mostrou onde ficava o quarto da moça. Os pais dela haviam presumido que ele esperava dividir o quarto com ela.

Que ninguém imagine que estou recomendando o que se costumava fazer dentro do carro nas noites de sábado. Eu condenava essa prática quando era adolescente. Continuo condenando hoje. Estou recomendando a virgindade. Virgindade tanto para homens como para mulheres. E, se a virgindade deve ser preservada, as linhas devem ser traçadas. Por que você se colocaria numa situação em que essas linhas se tornassem borradas e obscuras? Por que correr esse risco? Por que se expor à pressão de uma tentação tão grande se você pode facilmente evitá-la, recusando-se a estar em qualquer lugar onde seja possível fazer concessões?

O psicólogo Henry Brant conta como seu filho reagiu furiosamente quando seu pai o proibiu de sair sozinho de carro com uma garota.

"Qual é o problema, pai? O senhor não confia em mim?"

"Em um carro — sozinho à noite com uma garota? Eu não confiaria nem em *mim*. Por que confiaria em você?"

C. S. Lewis escreveu:

> Quando eu era jovem, todas as pessoas de mente aberta me diziam: "Por que todo esse pudor? Tratemos o sexo simplesmente como tratamos todos os nossos outros impulsos". Fui suficientemente ingênuo para crer que eles estavam falando sério. Desde então, descobri que queriam dizer exatamente o oposto. Queriam dizer que o sexo deveria ser tratado como nenhum outro impulso em nossa natureza jamais havia sido tratado por pessoas civilizadas. Todos os demais, admitimos, devem ser freados. [...] Mas toda falta de bondade e toda quebra de confiança parecem ser toleradas, desde que o objeto desejado sejam "quatro pernas nuas em uma cama". É como ter um código moral no qual roubar frutas seja considerado errado — a menos que você roube nectarinas.[26]

---

26 C. S. Lewis, "We Have No Right to Happiness", *The Saturday Evening Post*, 21-28 dez. 1963.

# Sua sublime manutenção

## 34

Quase um ano após ter visto Jim a caminho do Canadá, passamos dois dias juntos em Illinois. Ele foi padrinho e eu, dama de honra no casamento de meu irmão Dave. Ficamos algumas horas a sós naquela noite, seguidas de mais um ano de separação. Em 1951, Jim e Pete Fleming, seu futuro companheiro de missão, vieram ao leste do país para falar em algumas igrejas que estavam prestes a assumir parte do sustento deles. Em sua agenda apertada, conseguimos encaixar um piquenique nos pinheiros de Nova Jersey, um almoço no Wanamaker's Tea Room, na Filadélfia (lembro-me da maionese cor-de-rosa em minha salada) e um dia em Nova York. Encontramo-nos para tomar café da manhã no que nos parecia um hotel de luxo. O garçom trouxe pequenas xícaras de café escaldante com o cardápio. Achamos que aquilo era o suprassumo da elegância. Fomos ao Radio City Music Hall, assistimos ao filme *Sinfonia de Paris* e, mais tarde naquela noite, ficamos no topo de um arranha-céu, encostados em um parapeito, olhando as luzes da cidade, ansiando, novamente, pelo que não podíamos ter. Na ocasião,

Jim deu a entender que estava começando a acreditar que Deus permitiria que ficássemos juntos algum dia. Eu esperei, trêmula de esperança de que a Grande Revelação houvesse sido dada, mas era a mesma história de sempre. Nenhum sinal verde.

Uma página de meu diário da época cita *Inward Divine Guidance* [Direção divina interior], de T. C. Upham: "A disposição [...] de entregarmos aquilo que há de mais precioso ao nosso coração à sublime manutenção de uma fé abrangente e inespecífica no fato de que Deus está, agora, respondendo às nossas orações em seu próprio tempo e do seu próprio modo, da melhor maneira — tal disposição envolve um processo atual de crucificação interior que é claramente incompatível com o crescimento e até mesmo com a existência da vida do ego".

Quando as reuniões terminaram, meu irmão Phil e sua esposa, Margaret, levaram-nos os três — Jim, Pete e eu — para a casa de férias de nossa família em New Hampshire. Estávamos em meados de outubro, tarde demais para as gloriosas cores outonais dos bordos e eucaliptos. O inverno definitivamente se aproximava e a velha casa, Gale Cottage, estava gélida sem o aquecimento central. Passamos os dias caminhando pelas Montanhas Brancas — Bald Mountain e Artist's Bluff, passando pelo Flume e chegando ao pequeno adorável Lonesome Lake, ao lado da Cannon Mountain. Essas montanhas eram "café-pequeno" para Jim e Pete, que, apenas algumas semanas antes, haviam "dado conta" de Rainier, Adams e St. Helens. Mas eles eram entusiastas e apreciadores de uma beleza mais velha e branda.

## Sua sublime manutenção

Em um dia muito cinzento, pegamos a Trilha Ammonoosuc até o Lago das Nuvens, no Monte Washington, e descemos por uma trilha íngreme e rochosa que serpenteava ao longo de um riacho de montanha. Jim parou para deixar os outros passarem e me mostrou que, repetidas vezes, a água encontrava uma rocha no caminho e se separava em duas correntes, mas, no final, ambas se uniam e formavam um único lago, profundo e tranquilo. Uma alegoria a nosso respeito, disse ele.

À noite, todos nos amontoávamos em torno de uma fogueira, assando marshmallows e bebendo chocolate quente, enquanto Peter lia poesia em voz alta. Os outros fizeram a gentileza de subir cedo para os quartos, que ficavam no andar de cima, e Jim e eu ficamos conversando até tarde e vendo as brasas se apagarem.

Em uma carta escrita algumas semanas depois, Jim escreveu:

> Indago-me se você estava consciente de desviar os olhos em muitos daqueles momentos ao lado do fogo, enquanto eu olhava diretamente para eles. Lembro-me de certa ocasião em especial, quando você virou o rosto totalmente para a fogueira, quando eu queria olhar em seus olhos. Por favor, não faça isso. Eu gosto da sua aparência! Fico feliz porque amo em você mais do que o exterior, de modo que, se ficasse cego, ainda teria amor. Mas sua aparência não está desconectada dele. Amo-a apenas por causa do amor? Não exatamente. Pelo amor, sim, mas também por dezenas de outras coisas e, não

menos importante, por cada terna lembrança de seu rosto. A graciosidade de sua fronte, a luminosidade de seus olhos. "Mas, oh, aquela boca *esculpida* com toda a sua intensidade de desejo!"

# Impaciência

35

Não havia nada mais difícil para uma mulher apaixonada suportar, e nada provava mais fortemente o caráter daquele homem, Jim Elliot, do que sua restrição de poder.

Não muito tempo atrás, uma jovem me contou sobre seu noivado com um homem que não tinha certeza do que faria da vida. A data do casamento deles estava marcada para dali a apenas alguns meses, mas ele não fazia ideia de como iria sustentá-la, ou se talvez ela teria de sustentá-lo, enquanto ele voltaria a estudar, em busca de um novo diploma. Ela falou dos muitos problemas que os atormentavam e de como o rapaz "sentia a dor" desse tipo de incerteza no fato de que algumas pessoas consideravam indispensável que ele chegasse a alguma resolução antes de tomar para si uma esposa. Ela (com razão) suspeitava que eu também tinha a mesma opinião. Perguntei se eles haviam considerado adiar o casamento até que a decisão fosse tomada.

"Ah, não, nós dois somos muito impacientes!", respondeu ela.

O costume de "seguir adiante" é outra forma de manifestação da impaciência. O casal não está pronto para o casamento, nem mesmo para o comprometimento público que um noivado deveria implicar, mas também não está disposto a entregar um ao outro nas mãos de Deus, na "sublime manutenção de uma fé abrangente e inespecífica no fato de que Deus está, agora, respondendo às nossas orações em seu próprio tempo e do seu próprio modo". Cada um se agarra ao outro, temendo que o outro "escape".

A menos que um homem esteja preparado para pedir uma mulher em casamento, que direito ele tem de reivindicar sua atenção exclusiva? E, a menos que tenha sido pedida em casamento, por que uma mulher sensata prometeria a qualquer homem sua atenção exclusiva? Se, quando chegar a hora de um compromisso, ele não for homem o bastante para pedi-la em casamento, ela não deveria lhe dar nenhuma razão para presumir que lhe pertencesse.

"Mas eu não acho que posso fazer isso. Não sou do tipo forte."

Ouça as palavras de uma mulher que estava sozinha em terra estrangeira, a quem fora confiada a responsabilidade por algumas centenas de crianças e dúzias de cooperadores. O trabalho era grande demais para ela, é claro — em sua própria força. Ela não se considerava do tipo forte. Ela orou:

> Se tempestuoso vento nos irrompe,
> nossa vontade a firmar e reforçar;
> ouve-nos, só por causa do teu nome,
> sustém-nos e nos faz aquietar.

## *Impaciência*

Como inabaláveis os montes se mantêm
pelos incontáveis anos de pressão,
em tua destra esperemos nós também
na quietude e na firmeza de tua mão.

Mas tal força não é nossa, Senhor,
e tal constância de nós não vem.
Tua eterna Palavra é nosso penhor,
na tua presença nossa segurança se mantém.[27]

---

[27] Amy Carmichael, *Though the Mountains Shake* (New York: Loizeaux Brothers, 1946).

# Eu a tenho ainda intocada

## 36

Quase no final de outubro de 1951, Jim veio pela última vez passar um ou dois dias na casa da minha família, em Moorestown, Nova Jersey. Alguém tirou a primeira foto em que aparecemos juntos. Eu estava vestindo um mal-ajambrado terninho verde-escuro, e Jim, um terno azul de abotoamento duplo. Ficamos embaixo da macieira no quintal e sorrimos como se não houvesse necessidade alguma daquela oração pelo fortalecimento de nossa vontade ou por quietude e firmeza.

Dirigimos cerca de vinte quilômetros até a estação ferroviária na Filadélfia, parando uma vez perto do aeroporto de Camden, para orar e chorar.

Jim fez mais uma parada para reuniões. Então, sentado no vagão-restaurante a caminho de Chicago, ele escreveu:

> Cada minuto do fim de semana foi repleto de passeios, visitas, estudos e reuniões. Durante todo esse tempo, fui incapaz de pensar por cinco minutos sem ser interrompido por pensamentos a seu respeito. Sua face se

desvaneceu da minha consciência quando dormi, mas, então, ressurgiu quando acordei. Imagens, atitudes, expressões, olhares, abraços me aclamaram nas últimas semanas, e quase sucumbi ao pensar que talvez isso não ocorra por anos. Nesta manhã, estou mais perto das lágrimas do que estive durante todo o fim de semana. Com o alvorecer, ao acordar, veio-me a lembrança do que você disse sobre sentir saudades de mim, e eu pensei em você ali, numa cama quente, com seus braços esbeltos, alvos e vazios. Pode ser só uma fase — da qual Pete me desejou rápida recuperação. Em certo sentido, espero que assim seja, mas, por enquanto, ela só se intensifica e não mostra sinais de abrandamento. Não há mais o que questionar. Eu a amo, Betty, e sinto isso intensamente esta manhã.

Não me esquecerei de seus olhos claros e arregalados desaparecendo na estação, no sábado. O insensível funcionário que me puxou na plataforma e gritou: "Cuidado com as escadas" e fechou a porta, sim, ele me arrancou um prazer, o de ver seus olhos ficando cada vez menores até desaparecerem. Fiquei sem lágrimas.

## Da Califórnia, algumas semanas depois:

Nesta manhã, mais uma vez, acordei cedo e dividi minhas devoções com sonhos a seu respeito. Incomoda-me um pouco que você esteja em minha mente quando eu deveria estar orando, e é preciso ter disciplina para não ceder e pensar demais em você. Não que eu sinta algum conflito — tenho certeza de que, agora, amar você faz parte da minha vida, tão importante quanto comer, e Deus sabe que preciso disso.

... ela me observava
dormir, e ao despertar mandou-me
da fruição do celeste amor
beber, qual sedento viajante,
outra vez do seu humano dulçor:
doce assim jamais será. Peca quem
vê discórdia entre amor e amor.

Edward Henry Bickersteth<br>"Yesterday" [Ontem]

Ao chegar da Califórnia à sua casa, em Portland, ele escreveu:

Agradeço ao meu Deus. A vida se tornou muito mais plena por ele me dar você. Hoje, enquanto percorríamos os últimos quinhentos quilômetros em direção a Klamath Falls, eu mencionava como Deus tornou tão rica, tão *plena* (não consigo encontrar uma palavra melhor!), minha vida. É como o mar, mas sem a oscilação da maré. Natureza, corpo, alma, amizade, família — tudo isso pleno para mim e, ainda, aquilo que muitos não têm a capacidade de desfrutar. "E disse ele: 'Faltou-vos, porventura, alguma coisa?'. 'Nada', disseram eles." Faltava uma parte de mim até agora — ah, eu precisava de você, nenhum de nós sabia quão dolorosamente! E, mesmo agora, embora eu não *tenha* você em sentido pleno, ainda a tenho — de um modo que não a terei quando conhecermos um ao outro.

Fico feliz que o final ainda esteja adiante. Ainda bem que não estou entediado de noites na cama com você, como os casais casados. Eles conseguem sentar-se em lados opostos do carro. Ainda bem que ainda não consigo tirar minhas mãos de você — ainda preciso ser advertido para não "defraudar você". Agora, eu a tenho ainda intocada, e é bem assim que preciso de você agora. O noviço dentro de mim ainda se admira e se sente desajeitado. A experiência ainda não removeu a tensão. Suponho que vamos nos acostumar um com o outro, com a sensação, o cheiro e a aparência um do outro, mas fico feliz que ainda não seja o caso. Como nunca senti antes, sinto agora que devo me guardar para você. Deus sabe que é uma luta pela pureza, e ele sabe quantos ataques à pureza nos esperam pela frente.

# Que Deus cumpra seu trato

## 37

Em janeiro de 1952, Jim ainda estava em casa, envolvido com os últimos preparativos para, em fevereiro, embarcar para o Equador. Eu estava morando em um prédio bem precário no quinto andar do Brooklyn, em Nova York, tentando aprender um pouco de espanhol. Alguns acontecimentos nos seis meses anteriores me haviam afastado da África e dos Mares do Sul em direção ao Equador. Jim me encorajou, embora soubéssemos que a fofoca correria solta e eu seria acusada de estar correndo atrás dele.

Ele agora escrevia com mais frequência, algumas vezes sugerindo e, vez ou outra, falando abertamente sobre amor.

Penso que o realismo do Antigo Testamento deve nos tornar conscientes de que Deus aprova o amor humano. Lemos tão desleixadamente que "Jacó amava a Raquel", e tão casualmente nos é dito que "ela concebeu, deu à luz um filho [...] E lhe chamou [...]", que nos esquecemos de tudo o que está por trás dessas palavras, todo o grande sentimento e toda a emoção, toda a dor e toda a realização que a própria objetividade do relato tende a abrandar. Mas está tudo ali! Tem de estar. Bem, se tudo der certo conosco, Bett, temos razões ainda maiores de louvor. Por enquanto, não deixemos de ser gratos. Temos nossos motivos de gratidão.

Em 2 de fevereiro, tarde da noite, Jim telefonou de San Pedro, na Califórnia. Aquela foi a primeira vez que nos falamos numa ligação telefônica de longa distância. Pessoas comuns não faziam muito isso naquela época. Eu tremi ao ouvir a voz dele, tremi ao ouvi-lo dizer que me amava. Minha voz tremeu, tenho certeza, para responder à pergunta dele: "Você me ama?". Eu não queria dizer, mas precisava ser honesta. "Mal consigo me conter", essa foi minha resposta. Ele se despediu. Partiria no dia seguinte.
Assim que desligou, ele me escreveu outra carta.

2 de fevereiro de 1952. Sua voz não soou exatamente como eu queria — não estava próxima o bastante, tampouco consegui ouvir seu silencioso sorriso no canto da boca. Mas agradeço ao Senhor pela boa sensação de ao menos tê-la ouvido. Conversamos durante nove minutos! Fiquei surpreso? Sim, fiquei. Tenho de rir de mim mesmo — perambulando, a esmo, o dia inteiro e, ao finalmente ouvir sua voz, mal conseguindo pensar além das trovoadas da minha própria pulsação. Esse é mesmo o corajoso celibatário a caminho do Equador? Suponho que você se sentiu da mesma forma, mas ninguém

conseguiria perceber isso ao observá-la. Que par engraçado, nós dois; tão diferentes aos olhos do mundo inteiro, mas tão parecidos no amor. Você não está feliz por "mal conseguir se conter"?

Na noite passada, em um sonho, você estava mais viva do que nunca — apenas seu rosto, próximo e convidativo. Oh, como eu consegui resistir a beijá-la até agora?

7 de fevereiro de 1952. Estou sentado, sem camisa, em nossa cabine de tons verdes, logo após almoçar e dar um passeio rápido pelo convés. Geralmente, tenho experimentado uma sensação de sossego, mas às vezes explodo de pura alegria diante de toda a situação. Aqui a bordo, estamos repletos de uma fartura que beira a extravagância. O suficiente se torna demais. No almoço, comi coração de boi, abóbora, ervilhas verdes e coalhada gelada. Ontem à noite, foi arroz com *curry* e cordeiro e, ao meio-dia, rosbife. Antes disso, a memória se confunde, mas sei que comi peixe-carvão-do-pacífico e que toda essa confusão tem sido extremamente aprazível.

Seu "sentimento de perda" por não termos compartilhado experiências nos últimos meses não é novidade para mim. Conheço bem a sensação e, com frequência, oro a Deus a esse respeito. O que me consola são pensamentos como "Se tua casa ficar mais cheia, Senhor..." [de Amy Carmichael]. E, então, ao encarar, de forma realista, tudo que não fiz, todas as palavras são esmagadas pelo silêncio. Afinal, se, de fato, abrimos mão um do outro por amor a Deus, não deveríamos esperar ver à nossa volta o fruto dessa abnegação? Porém, em vão eu o tenho buscado. A questão é esta: eu sou um homem solteiro por causa do reino, em prol de seu avanço mais rápido, de sua mais potente concretização em minha própria vida. Mas onde se encontram esse avanço e essa concretização? Estou disposto a ver "um pouco mais vazia a minha casa na terra", mas tão somente se "a casa dele ficar mais cheia". E penso que é certo reivindicar que Deus cumpra seu trato. Estou errado, é claro, ao fazer dos resultados visíveis de nossa separação a prova final; e me regozijo, creio, em enxergar além dos resultados que são mais óbvios. Porém, por esse raciocínio, concluo que eu deveria ser mais insistente na oração, mais obstinado na devoção, e não deveria chegar, como você diz, a uma "passiva aceitação das coisas como estão".

Além disso, há a percepção um tanto filosófica de que, na verdade, não *perdi* nada. Imaginamos como seria se compartilhássemos determinado evento e, então, sentirmos que perdemos algo por termos de vivê-lo sozinhos. Mas não nos esqueçamos de que tal perda é imaginária, não real. Imagino ápices de deleite quando penso em ter essas vivências ao seu lado, mas não deixemos que tal esperança remova o brilho de tê-las sozinhos. A realidade está no que acontece; o que poderia acontecer *simplesmente não é*. Portanto, não devo inquirir Deus como se ele estivesse me roubando — de coisas que não são. Ademais, as coisas que são nos pertencem e são boas, dadas por Deus e abundantes. Não deixe nosso anseio destruir o apetite de nosso viver. É verdade que nossa juventude passa rápido; e bem conheço o turbilhão de vontades, a perfeita fúria de desejo que tal pensamento evoca. Tudo o que isso envolve — a proximidade dos trinta anos — traz sobre a alma uma onda de pressa e uma descarga de "possíveis" arrependimentos. E, Betty, foi exatamente esse o nosso trato. Para nós, a obediência talvez não envolva sofrimento físico ou ostracismo social, como para alguns; talvez envolva essa guerra contra as preocupações e os arrependimentos, essa luta para trazer nossos pensamentos cativos. Nós fincamos em Deus (em nossa integridade) a bandeira de nossa confiança. As consequências são responsabilidade dele.

Quero ver a Cristo, já não enxergo aqui
o brilho a que por anos minha alma se apegou;
as bênçãos desta vida começam a ruir,
mas não me entristeço, pois é pra ti que vou.[28]

---

28 Anna B. Warner, "We Would See Jesus", extraído de *Victorious Life Hymns* (Philadelphia: The Sunday School Times Company, 1919).

# Deus concedeu e Deus recusou

Jim chegou a Quito, Equador, no final de fevereiro. Dois meses depois, eu o segui. Éramos quatro novos missionários: eu e minha colega Dorothy morávamos com uma família chamada Arias, enquanto Jim e seu colega Pete Fleming moravam do outro lado da rua, com o Dr. Cevallos e sua família. Foi a primeira vez, desde os tempos de faculdade, quatro anos antes, que pudemos nos ver diariamente durante certo tempo. Aproveitamos ao máximo. Pete e Jim almoçavam conosco na casa dos Arias, e Don Raul, nosso anfitrião, colocava à prova todo o espanhol que havíamos aprendido. Algumas vezes, a competição ficava acirrada, e nós lutávamos para dominar o idioma, todos ansiosos para partir para a selva — embora Dorothy e eu não soubéssemos para que parte da selva nós iríamos. Jim e Pete haviam prometido ao Dr. Tidmarsh, nosso missionário sênior, que iriam para Shandia, uma base missionária na selva oriental, a fim de trabalhar com os nativos da tribo Quíchua.

Em Quito, Jim e eu fizemos muitos passeios juntos. Exploramos cada esquina daquela bela cidade colonial, visitamos mercados ao ar livre, igrejas, parques, museus, lojas de artesanato indígena. Caminhamos por lindos e exuberantes prados onde pastavam ovelhas; descemos ravinas profundas e subimos altas montanhas. Quase todas as tardes, íamos de ônibus até os correios para buscar a correspondência. Algumas vezes, testávamos até onde conseguíamos chegar pagando a tarifa de um centavo.

Ao final de nossos quatro meses juntos (Jim estava em Quito havia seis meses), o estudo de espanhol estava concluído. Ele já falava bem, então era hora de partir. Em setembro, ele escreveu de Shell Mera, a base da Missionary Aviation Fellowship [Fraternidade de Aviação Missionária], de onde ele voaria para a estação mais próxima de Shandia:

> Silhuetas de pássaros distantes cortam a paisagem, rumo ao leste. E amanhã, felizmente e segundo a vontade de Deus, prosseguirei (sabe-se lá como) contra a inclinação interior de retornar, de voltar para você. Mas sinto que pus a mão no arado — e, agora, olhar para trás seria uma atitude desonrosa. Ele me conhece no íntimo — e sabe quanto de mim realmente deixo com você. E ele sabe por que eu vou embora, e por quanto tempo.

O crescimento de todo o reino vegetal representa maravilhosamente o processo de receber e renunciar, ganhar e perder, viver e morrer. A semente cai no solo e morre ao brotar o novo rebento. É preciso haver separação e ruptura para que se forme um botão de flor. Quando a flor se forma, o botão se desprende. O cálice se desprende da flor. As pétalas devem encolher-se e morrer, para que o fruto se forme. O fruto cai, se parte, deixa cair a semente. A semente cai no solo...

Não há progresso na vida espiritual sem esse processo de desprendimento. No exato instante em que nos recusamos a fazer isso, o crescimento cessa. Quando nos agarramos firmemente a qualquer coisa que nos foi dada, relutantes em nos desprender ao chegar a hora de fazê-lo, ou relutantes em permitir que o Doador a use conforme seu propósito, retardamos o crescimento da alma.

Nesses momentos, é fácil cairmos em erro. "Se Deus me deu", dizemos, "então é meu. E eu posso fazer o que quiser com o que é meu". Não. Na verdade, é nosso para agradecermos e oferecermos de volta a Deus; é nosso para renunciarmos, nosso para perdermos, nosso para abandonarmos — se quisermos encontrar nosso verdadeiro eu, se quisermos a Vida verdadeira, se nossos corações estiverem voltados para a glória.

Pense no ego que Deus lhe deu como uma bolota de carvalho. É uma coisinha maravilhosa, uma forma perfeita, perfeitamente projetada para seu propósito, perfeitamente funcional. Pense na imensa glória do carvalho. A intenção de Deus, ao criar a bolota, era o carvalho. Sua intenção para nós é "[a] medida da estatura da plenitude de Cristo" (Ef 4.13). Para alcançarmos essa medida, são necessárias muitas mortes; é necessário muito desprendimento. Ao olhar para o carvalho, você não sente que a "perda" da bolota é assim tão grande. Quanto mais você se der conta do propósito de Deus em sua vida, menos terríveis parecerão as perdas.

Suponho que uma das razões pelas quais tenho guardado registros em diários e cadernos é o desejo de reunir os fragmentos que sobram, para que nada se perca. Ali escrevi coisas que eu não podia dizer às pessoas nem escrever em cartas para Jim. Eu o encorajei a fazer o mesmo. "Temo que vou desapontá-la", escreveu ele de Shandia; "muita coisa está se perdendo. Parece que não consigo registrar tudo o que há — a maior parte está em minhas cartas, mas uma grande parte não está expressa em lugar algum. Sento-me dentro de mim e espero por você em silêncio; enquanto isso, um meteorito cai, um nativo se vai, alguém grita *ganchai*! em um jogo de bola, e eu me sento, ouço, assisto, faço que vou entrar na partida, mas não entro, pois sinto como se a história houvesse parado meses atrás, junto a uma porta na casa de Wittig, em Shell Mera".

Quando a carta chegou, pensei: *Não, não aguento mais. Não posso ficar aqui, deste lado dos Andes, fazendo todas estas coisas fascinantes sem Jim, enquanto ele vive lá, fazendo todas essas coisas fascinantes sem mim.* Algumas semanas depois de sua partida de Quito, parti para a selva ocidental, para trabalhar em uma língua tribal ágrafa. Eu queria que compartilhássemos tudo, conversássemos, entrássemos em casa, fizéssemos tudo juntos.

Ainda não havia aprendido plenamente a lição da semente. É preciso haver renúncia. Não há escapatória. A semente não "sabe" o que vai acontecer. Ela só sabe o que está acontecendo — a queda, a escuridão, a morte. Era assim que sentíamos nossa separação — como se não houvéssemos recebido nenhuma pista de por que tinha de ser assim. "O querer em si é bom",

## Deus concedeu e Deus recusou

escreveu Jim, "é legítimo, foi o próprio Deus quem concedeu; agora, porém, Deus recusou, e não me deixou compreender a sabedoria que há na recusa". Ainda estávamos muito aquém da profunda percepção espiritual que Lilias Trotter teve ao escrever aquelas fortes palavras anteriormente citadas: "E o primeiro passo para entrar no reino da abnegação é [...] não em direção ao homem, mas em direção a Deus: uma renúncia total do nosso melhor." Enquanto nossa ideia de entrega se limitar à renúncia das coisas ilícitas, jamais compreenderemos seu significado verdadeiro: *tal atitude* não é digna do nome de 'entrega', pois 'nenhuma coisa imunda' pode ser oferecida".

Contudo, em nossos momentos mais sãos, recebemos a graça de visualizar um pouco da sabedoria da recusa. Jim pôde morar em uma casa improvisada, com móveis improvisados, permitindo que os nativos passassem pela cozinha e pelo quarto quando bem quisessem; e estava livre para se dedicar ao aprendizado do idioma, a evangelizar e construir o que fosse necessário para outras pessoas, e não para mim, para nossa própria casa e tudo o mais. E eu pude me ocupar com um trabalho que não teria feito se estivéssemos juntos. Estávamos sendo chamados a confiar, e a deixar o planejamento com Deus. O plano final de Deus estava tão além de nossa imaginação quanto o carvalho está acima da imaginação da bolota. A bolota faz o que foi criada para fazer, sem importunar seu Criador com perguntas sobre quando, como e por quê. Nós, que recebemos inteligência, vontade e toda uma gama de necessidades que podem contrapor-se ao divino Padrão para o Bem, somos chamados a *crer* nele. E temos a oportunidade de confiar nele quando ele nos diz: "Quem perder a vida por minha causa achá-la-á" (Mt 16.25).

"*Quando vamos achá-la?*", perguntamos. A resposta é: *Confie em mim.*

"*Como vamos achá-la?*" Novamente, a resposta é: *Confie em mim.*

"*Por que devo me deixar perder?*", insistimos. Eis a resposta: *Olhe para a bolota e confie em mim.*

# Confusas engrenagens e roldanas

Poucas semanas depois de Jim ir para o leste, eu fui para o oeste, para trabalhar no idioma de uma pequena tribo chamada Colorado (assim designada por causa da tinta vermelha com que pintavam o cabelo e o corpo). Isso significava que duas cadeias montanhosas dos Andes nos separavam. O carteiro tinha de viajar de mula de San Miguel, onde Dorothy e eu estávamos, até Santo Domingo; dali, seguia num caminhão de bananas para Quito, onde, com frequência, permanecia por vários dias até ser enviado para Shell Mera, por via aérea ou rodoviária, e em seguida para Pano. De Pano, a estação mais próxima com uma pista de pouso, era carregado por indígenas até Shandia. Algumas vezes, passavam-se seis semanas entre o envio da minha carta e o recebimento da resposta; e, como sempre escrevíamos à mão, não ficávamos com cópias. Em algumas ocasiões, eu não conseguia lembrar a carta à qual Jim estava respondendo.

Certo dia, ao pegar um ônibus em Quito, um homem alto e bronzeado se sentou ao meu lado e se insinuou para mim. Escrevi para Jim a esse respeito, e ele respondeu:

27 de setembro de 1952 — Peguei-me despedaçando a lenha em pequenos pedaços, cortando-a de um golpe só, enquanto pensava a esse respeito na pista de pouso, alguns dias atrás. Hoje, lendo novamente a carta, senti os músculos da mandíbula se enrijecerem e os dentes se cerrarem com força, ao imaginar a cena. Receio que, sem dúvida, teria havido uma confusão se eu estivesse presente, Bett — então, provavelmente, foi melhor que eu não estivesse junto, embora, provavelmente, se eu estivesse presente, isso não teria acontecido. Mas o que me atormenta é que ele, evidentemente, pega com frequência o mesmo ônibus, e isso pode acontecer de novo qualquer dia desses. Eu ficaria maluco, não fosse a confiança que tenho em Deus a seu respeito. Constantemente eu tenho confiado a ele essa mesma questão, embora eu conheça melhor e tema mais as paixões masculinas do que você. Mas sou grato pelo fato de você ser como é nessas situações, pois sei que posso confiar em você; e, mesmo que, da próxima vez, o homem não seja feio, você reagirá, embora repugnada e um pouco temerosa, com firme e resoluta resistência. E estou certo, Bett, de que aquele que nos preservou um para o outro até aqui continuará a fazê-lo; e, em troca da perseverança, tornará a consumação muito mais doce.

8 de outubro — Ah, eu não sei como lhe contar, Betty, ou mesmo se devo, mas nossos meses em Quito me puseram em um nível emocional totalmente diferente em relação a você do que eu estava antes. Soa errado

se eu disser que, naquela área em que você encontrou descanso desde a nossa partida, eu venho tendo apenas irrupções de desejo mais intensos que nunca? Naquilo em que você tem encontrado paz, eu me encontro em plena guerra. Na última carta, mencionei o forte impulso de escrever, escrever, escrever, assim como algo que me refreava de fazê-lo. Eu poderia acrescentar a vontade louca de querer que os anos passem de repente, a velha rebelião de "por que tem de ser assim comigo?", a necessidade de contar com um lugar para descansar. Será que estamos cruzando o mesmo rio, mas distantes o suficiente para estarmos em profundidades diferentes, sabiamente mantidos de tal forma para não afundarmos juntos? Parece que sinto tudo muito mais intensamente aqui. Fico suspirando até mesmo enquanto escrevo.

27 de outubro — Nas duas últimas semanas, fui abençoado com *muitos* sonhos com você; agora, porém, quando tento relembrá-los, eles se dissipam em nada mais do que uma revigorante impressão. Já não sinto, há muitos dias, aquela primeira agonia ao acordar, rolar pela minha cama e não a encontrar. A cada dia, o Espírito me conforta com o conhecimento da vontade divina, quando lhe falo franca e frequentemente de todo o meu desejo por você, querida, e me espanto na presença dele em face da prolongada privação de um desejo por algo tão bom. E oro para que ele faça por você o mesmo que faz por mim — e com a mesma frequência.

No início de dezembro, Jim escreveu:

> Isso chegará o mais próximo possível do seu aniversário. Sei muito bem que você fará vinte e seis anos e que sempre consideramos essa idade uma espécie de marca do fim da juventude. Mas isso não me assusta. Você permanece tão pura e virgem em meus pensamentos agora quanto há cinco anos, muito mais do que mulheres bem mais jovens que eu poderia nomear; e eu a amo com o mesmo vigor juvenil que sempre me manteve perto de você. Espero provar essa última afirmação em cerca de seis semanas.

Notícias empolgantes e notícias decepcionantes. Ele iria "provar". O que isso queria dizer? Mas ele não conseguiria vir a Quito para passar o Natal. Eu estava acalentando a esperança de que ele conseguiria.

Pareceu-me que, na verdade, ele não se importara muito com aquilo e que ele não se esforçara o bastante. Eventos sucessivos pareciam surgir para tornar esse reencontro cada vez menos provável. *Onde há vontade, há um caminho,* pensei e disse a ele.

"Eu irei quando puder fazê-lo com a consciência limpa diante de Deus e falarei a você sobre nossos planos, se for humanamente possível", respondeu ele. Ele me pediu para lhe dar o benefício da dúvida. Ele disse confiar que, por causa do meu amor, eu o interpretaria graciosamente.

O amor interpreta as coisas a favor de quem se ama. Eu tinha um longo caminho a percorrer para aprender isso, mas o princípio é bem claro na descrição de Paulo: "O amor é paciente, [...] não procura os seus interesses, não se exaspera, não se ressente do mal; [...] tudo sofre, tudo crê, tudo espera, tudo suporta" (1Co 13.4-5, 7).

O problema, claro, é que devemos aprender a amar *pessoas*. Pessoas são pecadoras. O amor deve ser paciente mesmo quando é tentado (pela demora de outras pessoas) a ser impaciente. O amor não deve buscar os próprios interesses, mesmo quando outras pessoas buscam os seus. O amor não se exaspera, embora as pessoas às vezes sejam irritantes. Males são cometidos, mas o amor não se ressente deles. Há sofrimentos a enfrentar, mas nada que o amor não possa sofrer. Muitas coisas provarão a fé do amor, desencorajarão sua esperança e exigirão sua perseverança; mas o amor continua crendo, esperando, suportando. O amor jamais acaba.

Ainda é muito vívida a lembrança das dolorosas semanas em que ficou claro que não passaríamos o Natal juntos em Quito. Hoje consigo ver que, humanamente falando, Jim poderia ter feito alguns ajustes para tornar isso possível. Ele não estava fazendo tudo o que estava ao seu alcance para que nos encontrássemos. Minhas dúvidas, humanamente falando, tinham fundamento. Porém, a essa distância, também consigo ver que eu deveria ter confiado que Deus estava nele. Jim, embora um ser humano com limitações humanas, estava se esforçando ao máximo para andar em obediência a Deus. Ele não estava insistindo em fazer seu próprio caminho. Eu deveria ter descansado nesse conhecimento. Às vezes, eu descansava; muitas vezes, não. Jim estava preocupado com Pete, com o Dr. Tidmarsh e com os nativos. Seus planos de me encontrar estavam no final da lista. Para mim, isso deveria ter sido prova suficiente de que o coração dele estava no lugar certo e que, mesmo achando que Jim não merecia minha confiança absoluta quando se tratava de nossos preciosos planos, Deus certamente merecia.

"É impossível ser submisso e religiosamente paciente se mantiveres teus pensamentos cá embaixo, entre as confusas engrenagens e roldanas das causas secundárias, tais como: 'Ah, o lugar! Ah, o momento! Ah, se tal houvesse acontecido, aquilo não teria sucedido! Ah, o nexo entre esse acidente e aquele momento e aquele lugar! Olha para o alto, para a força motriz, para a primeira engrenagem", disse Samuel Rutherford em *The Loveliness of Christ* [A amabilidade de Cristo].[29]

Estamos sempre seguros no amor de Deus. Nunca estamos totalmente à mercê de outras pessoas — elas são apenas "causas secundárias". E, a despeito de quantas segundas, terceiras ou quinquagésimas causas pareçam estar no controle do que acontece conosco, é Deus quem está no comando; é ele quem tem as chaves, quem finalmente lança a sorte no regaço. Confiar nele, então, requer que eu deixe outras pessoas tomarem algumas decisões. Devo aprender a renunciar ao controle que posso exercer sobre outra pessoa, se lhe couber o direito de tomar a decisão. Devo resistir ao meu impulso de manipulá-lo, alfinetá-lo, cutucá-lo e atormentá-lo até que ele ceda. Devo confiar que Deus está nele, confiar que Deus fará por nós algo melhor do que posso imaginar.

---

[29] Samuel Rutherford, *The Loveliness of Christ* (London: Samuel Bagster and Sons Ltd., 1958), 33.

# Cartas de amor

Quando recebi a carta seguinte, fiquei envergonhada por ter duvidado que Jim se importava de estarmos juntos. Ele estava perdendo o sono por causa disso.

Algumas noites, passo acordado, imaginando como será ficar a sós com você novamente. Outras são turvas, cheias de sonhos malucos, que vão desde abraços até discussões. Outras ainda, como ontem, são tranquilas até por volta das 4h30; então, ocorrem-me fagulhas de esperanças e planos que se montam e se estilhaçam na mente; pequenos instantes de conversas, ajustes e o desejo louco pelo ressoar do alarme, a "doença da esperança adiada", o grito interior que pergunta: "Até quando?". Às vezes, acho que será impossível encontrá-la e falar casualmente com você, dizendo "Olá, Betty" na presença de outras pessoas, diante da certeza de que ficarei com a voz embargada ou de que farei algo que nos envergonhará. Mas suponho que será como de costume — os cumprimentos, o breve olhar nos olhos um do outro, os apertos de mão e a conversa casual sobre coisas que realmente não importam. Bem, se o Senhor me preservar em perfeito juízo até então, ficarei agradecido, pois, francamente, nunca estive assim antes.

O Natal chegou e passou. Ano Novo, 1953. As semanas de janeiro se arrastaram até que, finalmente, já tarde da noite, ouvi o galope de um cavalo. Um homem bateu à porta e me entregou um telegrama. Jim estava em Quito, esperando que eu fosse até ele. O amanhecer me viu viajar tão rápido quanto a lama permitia que o cavalo trotasse, rumo a Santo Domingo de los Colorados. Uma noite se passou e, antes do amanhecer, peguei um caminhão de bananas e dei início à jornada de dez horas até Quito. Foi como Jim havia previsto — os cumprimentos na presença de outras pessoas, o breve olhar nos olhos um do outro. Mas, naquela noite, ficamos a sós junto à lareira.

Jim havia esperado quase cinco anos por isso. Ele foi devagar naquela noite, preparando o terreno. Olhamos para a lareira, falamos brevemente sobre nossas viagens desde a selva, sentamo-nos em silêncio. Na plenitude do tempo, ele me pediu em casamento. Então — o primeiro beijo. Um anel no meu dedo.

Em sua próxima carta para mim, semanas depois, quando, outra vez, os Andes se interpunham entre nós, ele disse:

> Betts, será que um dia serei capaz de lhe dizer o que significa para mim você me chamar de "meu amor"? E saber que estamos totalmente e para sempre comprometidos um com o outro, entregues ao poder e ao prazer um do outro, desapegados de nós mesmos e devotados ao bem do outro? Não há palavras para descrever as absolutas

bondade e retidão de tudo isso. Como falarei da gratidão que tenho a Deus pelos direitos e responsabilidades de seu amor? E o que devo lhe dizer? Eu não sei. Sei apenas isto, minha querida Betts, que sou arrastado até você com um carinho imensurável, e apegado a você com um amor que é, ao mesmo tempo, cheio de ternura e força, um amor que meu próprio corpo, mesmo no auge da mansidão ou do poder, é incapaz de expressar. Eu amo você. Antes, isso significava "Eu confio em você" e "Eu estimo e admiro você". Agora, significa que, de alguma forma, sou *parte* de você, com você e em você.

Fortes chuvas nas montanhas provocaram uma avalanche na estrada de Quito a Santo Domingo, e nós ficamos sem combustível para nossas lâmpadas, sem alimentos básicos e, o mais difícil de tudo, sem correio. Enfim, uma carta chegou.

Hoje o dia estava quente e eu mal consegui me obrigar a despejar concreto em duas formas de pilares. [...] Trabalhei duro e, agora, estou pronto para ir para a cama.

Mas não tão pronto quanto eu estaria se você estivesse aqui. Ah, se eu pudesse *levá-la* para a cama, querida, fazer o que tenho sonhado em fazer com essas suas roupas e sentir de fato a pele macia de suas lindas pernas compridas contra a largura das minhas... Fogo vindo do céu! Que ofegante bem-aventurança seria esta noite! Mas ela terá de esperar por nós e, quando, enfim, chegarmos lá, tudo será "perfeito", como você diz.

Anseio por acariciá-la esta noite, Betts, e sussurrar que amo você, porque agora sou...

fanaticamente,

seu Jim.

22 de março — Como lhe direi, querida, após tudo o que falei descuidadamente sobre seus traços, que agora os acho maravilhosamente desenhados e sei que, quando chegar a hora de vê-los, comentarei com Salomão: "Como és formosa, querida minha". Para mim, já é uma satisfação saber que eles me foram prometidos e, então, apenas esperar o tempo de Deus para desvendá-los. Você sabe quão ansioso estou?

Jim continuou falando sobre uma conversa com um amigo equatoriano que havia engravidado uma garota. O consentimento da garota o enganara, fazendo-o pensar que tudo ficaria bem. Então, ele foi acusado pelos pais da moça, preso e forçado a se casar com ela. "Assim é a maioria dos casamentos em meu país", comentou o amigo.

"Que usurpação, se não vergonha, eles devem sentir na primeira relação sexual após o casamento, em circunstâncias assim. Que Deus nos preserve para o tempo dele! Não sei como Juan pôde estimar uma mulher dessas. Quão grato sou a Deus por não estar lidando com esse tipo de pessoa! Louvor, louvor por *ti*, amada. És tudo o que Deus planejou para mim, e eu exulto em seu desígnio!"

Jim planejava me visitar em San Miguel em maio. No final de abril, ele escreveu:

Temo que as próximas duas semanas serão longas, pois as chuvas começaram e nós temos de ficar dentro de casa durante a maior parte do dia. Não consigo passar horas e horas estudando o idioma, como Pete, e fico arredio como um animal enjaulado, esperando na sala de comunicações, observando a floresta do outro lado do rio e encarando o céu cinzento e vazio. Eu irei, independentemente do que Pete faça ou de o professor gostar ou não de ficar sozinho — preciso de você, querida, e preciso de você logo!

Eu a amo intensamente hoje à noite, com uma sensação de poder, uma enorme e crescente esperança dentro de mim quanto à consumação de nosso amor. Não é o anelo silencioso que costumo sentir, mas os punhos erguidos, os gritos por possuí-la e os braços ávidos por apertá-la contra meu peito. É o coração explodindo e o olhar selvagem da paixão, a risada que faz o estômago contrair-se. Não é possível que você entenda isso, e de fato não peço que o faça — é apenas uma das maneiras pelas quais a amo, e isso se apodera de mim enquanto escrevo. Em mim, o amor não é só descanso. É tensão e audácia, um chamado para subjugar e conquistar. [...] Boa noite, minha corajosa amada, e que você seja guardada pelo Deus que a ama mais fortemente do que eu!

# Este é o nosso Deus, em quem esperávamos

## 41

Jim veio para San Miguel como planejado, dormiu na escola, visitou os nativos comigo, pregou em um pequeno culto dominical para brancos de língua espanhola que moravam em nossa clareira.

Na última noite, estávamos na varanda da velha casa com telhado de palha onde eu morava com Dorothy. Ficamos observando a neblina que se erguia no pasto, ocultando a silhueta das poucas vacas, do cavalo e do boi branco e sujo que pastavam ali. As rãs coaxavam e espreitavam, e um pio ou um assovio ocasionais vinham de um pássaro noturno. Um a um, os pontos de luz das minúsculas lamparinas a óleo das casas vizinhas foram se apagando. A lua se ergueu por trás de sucessivas fileiras de árvores na selva, sua luz difundida pela névoa.

Falamos de nossos planos sobre, um dia, construir nossa casa na selva oriental. Quando seria? Jim não poderia me dizer. Não tínhamos uma data marcada para o casamento. Ele estava empenhado em construir casas para duas outras famílias missionárias. Isso me deixava ressentida. Por que os outros sempre tinham de vir primeiro? Eu não poderia dizer isso em voz alta — a resposta era óbvia para um discípulo.

Algumas semanas depois, ele escreveu: "À noite, quando costumo descer até o rio Talac para tomar banho, passo o tempo todo olhando para a colina onde quero construir nossa casa, em devaneio e admiração. E minhas orações estão cheias de você. O casamento se tornou um assunto em que penso a cada *hora*, e sinto tão forte a necessidade de me casar que, com efeito, espero que algo de 'catastrófico' aconteça cada vez que me separo de Pete por algum tempo, ou quando Ed vem à estação de rádio".

A próxima carta dizia: "Tenho orado fervorosamente nestes dias para que Deus apresse o dia em que poderemos viver nosso amor nos afazeres diários. Talvez não seja necessário, afinal, nada de catastrófico para nos unir — apenas saltar, uns após os outros, cada obstáculo que me impede de me casar agora. Posso dizer-lhe, abertamente agora, que um desses obstáculos foi ultrapassado: a moradia. Sinto que poderíamos começar a vida morando em qualquer lugar — e provavelmente é o que faremos".

No final de junho, deixei meu trabalho com o idioma colorado nas mãos de duas mulheres inglesas em San Miguel e me mudei para Dos Rios, distante de Shandia cerca de seis horas, a pé, para cumprir a condição do pedido de casamento de Jim — que eu aprendesse Quíchua antes de ele se casar comigo. O piloto havia planejado pousar em Shandia a caminho de Dos Rios, para que eu pudesse ver Jim e a base missionária, mas o tempo começou a mudar e ele decidiu não correr esse risco. "Foi quase insuportável ver você passar por cima da minha cabeça", escreveu Jim. "Não sinto amargura, mas estou desapontado; após você passar, enquanto descia a trilha para visitar um irmão que estava enfermo, tive de pôr os olhos em Deus e dizer-lhe que eu sabia que ele tinha algo superior em mente... Havia pedido que preparassem sorvete de banana e abacaxi para sua chegada, e comemos tudo logo depois que você nos sobrevoou". (Jim e Pete tinham uma pequena geladeira a querosene.)

Cartas iam e vinham entre Shandia e Dos Rios por transportadores indígenas e, em julho, Jim veio por trilha até Dos Rios. Olhei pela minha janela quando ouvi o grito: "*Chimba-chiwapai!*" ("Por favor, leve-me até o outro lado do rio") e o vi de pé no topo do penhasco do Mishahualli. Quando cheguei à margem, o homem da canoa estava trazendo-o.

Foi necessário muito "jogo de cintura" para nos encontrarmos sozinhos naquele fim de semana sem escandalizar os índios da tribo Quíchua. Eles não sabiam o que era corte ou namoro; todos os casamentos eram arranjados por terceiros, e a noiva e o noivo só se falavam depois das núpcias. Para eles, teria sido impossível acreditar que poderíamos nos encontrar e conversar sozinhos sem peripécias sexuais. Certa tarde, peguei a trilha até uma praia arenosa do Mishahualli, enquanto Jim seguiu uma trilha rio acima e nadou quase um quilômetro no sentido da correnteza para me encontrar. À noite, muito depois de os índios adormecerem (eles iam para a cama com as galinhas, figurativa e literalmente), saímos para os prados iluminados pelo luar, protegidos da vista da casa por altas pastagens e laranjeiras, onde podíamos ficar abraçados e conversar. A questão da data do casamento finalmente surgiu. Jim perguntou o que eu achava de novembro, talvez janeiro, dependendo da reação de Pete, do meu aprendizado da língua Quíchua, de Jim ter a oportunidade de fazer pelo menos uma viagem missionária por outras áreas daquele povoado. Poucas semanas depois, aconteceu a "catástrofe" que Jim, de certa forma, desejara, uma catástrofe inimaginável. Em agosto, o Atun Yacu, o "Grande Rio", em cujos altos penhascos ficava a base missionária de Shandia, inundou e arrastou consigo, em uma única noite, todas as construções da missão e boa parte da pista de pouso. Isso convenceu Jim, Pete e Ed McCully (o novo cooperador recém-chegado de Wisconsin) de que Deus tinha outra coisa em mente. Eles fizeram uma jornada de três semanas até a parte sul do território Quíchua, encontraram um lugar que precisava de uma escola e de um missionário, e concordaram que somente Jim e eu nos estabeleceríamos lá.

Casamos em Quito, em 8 de outubro de 1953. Os McCully e os Tidmarsh foram nossas testemunhas. Outros vieram ao aeroporto para se despedir e jogar arroz em nós.

No hotel El Panama, com vista para a costa do Pacífico no Panamá, atendi o telefone logo após termos chegado. "Sra. Elliot?", indagou uma voz educada. Fiquei estupefata. Sra. Elliot! Era apenas a recepção, perguntando se estava tudo satisfatório em nosso quarto. Descemos para jantar e, enquanto enrolávamos entre o café e a sobremesa, saboreando aquela luxuosa atmosfera e apreciando a música de uma orquestra de dança,

### Este é o nosso Deus, em quem esperáramos

Jim olhou para mim através das velas. "Mal posso acreditar que há uma cama esperando por nós!", disse ele.

O versículo que nos foi dado para aquele dia foi Isaías 25.9: "Eis que este é o nosso Deus, em quem esperávamos".

De uma forma indescritível, a espera valera a pena.

# Do amor à caridade

## 42

Um livro sobre paixão e pureza não deve terminar com o dia do casamento, pois, assim como a paixão não termina ali, a pureza também não. Enquanto a pureza antes do casamento (como Jim e eu havíamos aprendido) consiste em nos abstermos um do outro em obediência a Deus, a pureza após o casamento consiste em nos darmos um ao outro em obediência a Deus. A paixão — seja a de quem deseja alguém que ainda não lhe pertence, seja a de quem, pela dádiva de Deus, compartilha o leito de outro — deve ser mantida debaixo de um princípio. E esse princípio é o amor — não um *impulso* erótico, sentimental ou sexual, mas amor. É o caminho da caridade. Talvez a palavra antiga seja a melhor. A mais nova foi corrompida pelo estranho fenômeno do "cair de amores".

Conheço um jovem — vou chamá-lo de Philpott — que, nos últimos cinco ou seis anos, parece ter feito carreira em amar e deixar de amar. Philpott é um homem muito atraente e parece ser capaz de conquistar qualquer uma num ávido grupo de mulheres atraentes e disponíveis. Recentemente, ele me escreveu para dizer que havia acontecido de novo. Apaixonara-se por uma garota que chamaremos de Cheryl. "Que droga", exclamou. "Pensei ter encontrado a garota dos meus sonhos, mas não deu certo. Simplesmente não consegui manter os sentimentos." Aqui está minha resposta.

> Sobre esse negócio de deixar de amar. Acontece com todo mundo, sabia? Às vezes antes do casamento, mas sempre depois. Então, os indivíduos modernos simplesmente abandonam o casamento quando não se sentem obrigados a cumprir os votos — votos feitos de uma forma tola, segundo creem.

> Há algo a ser dito sobre fazer uma escolha adulta e persistir nela. "Estar apaixonado", escreveu C. S. Lewis em *Cristianismo puro e simples*, "é muito bom, mas não é a melhor coisa do mundo. Existem muitas coisas abaixo, mas também muitas outras acima disso. A paixão amorosa não pode ser a base de uma vida inteira. É um sentimento nobre, mas, mesmo assim, é apenas um sentimento. Não podemos nos fiar em que um sentimento vá conservar para sempre sua intensidade total, ou mesmo que vá perdurar. [...] A verdade é que o estado de paixão amorosa normalmente não dura. [...] É claro, porém, que o fim da paixão amorosa não significa o fim do amor. O amor [...] é uma unidade profunda, mantida pela vontade e deliberadamente reforçada pelo hábito; é fortalecida ainda (no casamento cristão) pela graça que ambos os cônjuges pedem a Deus e dele recebem. [...]

## *Do amor à caridade*

Eles conseguem manter vivo esse amor mesmo nas situações em que, caso se descuidem, podem ficar 'apaixonados' por outra pessoa. Foi a 'paixão amorosa' que primeiro os moveu a jurar fidelidade recíproca. O amor sereno permite que cumpram esse juramento. E é através desse amor que a máquina do casamento funciona: a paixão amorosa foi a fagulha que a pôs em funcionamento".[30]

Então, Philpott, qualquer dia desses você precisará olhar fria e claramente para uma boa mulher cristã. Avalie os potenciais dela como uma boa esposa cristã. Ela é do tipo que você gostaria de ter como uma anfitriã em sua mesa? Ela é a mãe que você deseja para seus filhos? Ela é feminina? Piedosa? Sensível? Modesta? Sociável? Você acha que ela "vale" seu amor? Você vale o dela? (Se você acha que vale, provavelmente está errado. Cada um deve considerar o outro superior a si mesmo.) É o tempo de Deus para você se casar? Então, tome a decisão e peça a ajuda de Deus para amá-la como ela deve ser amada.

Você disse: "Nunca sabemos para que lado o Senhor vai nos conduzir", e isso é verdade. Mas pode ser que ele esteja dizendo a você para deixar de ser "como o cavalo ou a mula, sem entendimento" (Sl 32.9) e ficar com ela de uma vez por todas.

---

30 N. T.: A tradução é de C. S. Lewis, *Cristianismo puro e simples*, trad. Álvaro Oppermann e Marcelo Brandão Cipolla (São Paulo: Martins Fontes, 2005).

Não me interprete mal. Não faço a menor ideia se Cheryl é "a mulher". Não sei nada sobre ela, exceto que você disse que ela é linda. Isso não é suficiente. Mas, se você está procurando por algum tipo de sentimento que se manterá constante dia após dia, esqueça. O tipo de amor que sustenta um casamento é dado por Deus, mas é também uma *escolha diária*. Pelo resto de sua vida. Nunca se esqueça disso.

Você tem de escolher a mulher, com todo o cérebro e bom senso que você tem, além de todos os outros métodos para saber o que Deus quer de você (você leu meu livreto *A Slow and Certain Light* [Uma luz firme e certa], sobre direção divina, não leu?) e, em seguida, tomar uma atitude. Conte com minhas orações.

O que é exatamente esse "amor sereno" de que fala Lewis? Não é paixão, mas também não está em conflito com a paixão, desde que a paixão seja sustentada por um princípio. Esse amor contém e restringe a paixão. Quando um homem solteiro se sente apaixonado, seu amor por Deus (e pelo objeto de sua paixão) o restringe. Quando um homem casado arde de paixão e descobre que sua esposa não está sentindo o mesmo, seu amor sereno restringe essa paixão por causa dela — e de Deus. É igualmente provável que as paixões de uma mulher despertem quando as do seu marido ainda não despertaram. Então, ela espera, com um amor sereno. Para o cristão, a questão dos direitos conjugais sempre se refere aos direitos do outro, nunca aos seus próprios.

"O marido conceda à esposa o que lhe é devido, e também, semelhantemente, a esposa, ao seu marido. A mulher não tem poder sobre o seu próprio corpo, e sim o marido; e também, semelhantemente, o marido não tem poder sobre o seu próprio corpo, e sim a mulher" (1Co 7.3-4).

Que terrível confusão sucede quando essas injunções são lidas assim: "O marido exija da esposa o que lhe é devido. A mulher exija do marido o que lhe é devido. A esposa deve reivindicar o corpo do marido. O marido deve reivindicar o corpo de sua esposa". Nada mais distante do espírito da verdadeira caridade, a qual é sempre altruísta. A caridade diz: "Concedo a você seus direitos. E não insisto nos meus. Eu me entrego a você; não insisto que você se entregue a mim".

Essa abnegação é essencial para que maridos e esposas cumpram os mandamentos de amor e submissão. Não há como funcionar de outra forma. É tarefa do marido exercer a autoridade de cabeça tal como Cristo exemplificou ao dar sua própria vida por nós, que somos seu corpo. Isso é caridade altruísta. Não é tarefa do marido exigir obediência. Cristo é o cabeça da Igreja. Ele a ama, a conquista, a atrai, sacrifica a si mesmo. Ele não impõe sua vontade. Aqueles que se recusam a fazer a vontade dele são entregues à sua escolha, uma escolha terrível que certamente traz consigo consequências inevitáveis.

Não é função da esposa exigir que seu marido a ame como Cristo amou a Igreja. Seu trabalho é submeter-se de tal maneira (ou seja, de bom grado, voluntariamente, de todo o coração) a tornar mais fácil que ele a ame dessa maneira. Em 1 Pedro 3 está o capítulo definitivo sobre esse assunto.

Esse "amor sereno" foi expresso em uma carta escrita por uma jovem que acabara de noivar.

> Não compreendo boa parte dos pensamentos e das fórmulas da sociedade quanto ao casamento e ao companheirismo que ele envolve. Para mim, simplesmente faz sentido o modo como Deus expressou de forma tão clara no princípio. Ele criou a mulher para o homem e, nesse contexto, a tão falada ideia de um negócio meio a meio não parece funcionar. Eu quero a simplicidade e a pureza sob a perspectiva de que, quando me comprometer com um homem em casamento, eu lhe darei tudo o que tenho em amor, sem reivindicar nada que deseje dele. Estando muito ciente de minha humanidade e de minha pecaminosidade, sei que vou pensar e agir, em vários momentos, de forma egoísta, inquieta e insatisfeita, mas meu esforço deve permanecer direcionado ao caminho superior do que creio ser a obediência.

Outra mulher, casada há dez ou doze anos, contou-me sua experiência sobre como passara a entender o significado dessa entrega. Seu marido, um médico, havia mudado várias vezes de um emprego para outro, em diferentes cidades. Venderam várias casas, arrancando, repetidas vezes, os filhos de seus amigos e escolas. Quando Joan descobriu que seu marido estava prestes a fazer mais uma mudança, escreveu:

## *Do amor à caridade*

Peguei-me dizendo a Deus e a Gene: "Veja, não posso mais colocar o controle da minha vida em suas mãos. Acho que eu seria capaz de elaborar um plano melhor do que este. Não posso tirar mais nem uma foto da parede. Não posso entregar as chaves de mais uma casa a outra pessoa. Eu me recuso a parecer uma idiota instável". Esse foi o fundo do poço da minha luta. Soa tão mesquinho, mas eu pensei em trocar a alegria por uma sombra. Eu não conseguia acreditar em como era grande a tentação de trocar a vontade de Deus pela segurança. Em uma conversa muito reveladora com Gene, ele me disse: "Não posso continuar a guerrear com você sobre esse assunto. Vou escrever a carta recusando o trabalho". Foi, então, que vi claramente o fantasma do futuro. Se eu insistisse em que minha vontade fosse feita, estaria tirando a autoridade de Deus e de Gene em minha vida — matando a alegria e o amor, que são as coisas mais preciosas de minha vida.

Desde o início, eu vinha pedindo a Deus que ele operasse, e ele havia posto muitas palavras sábias em meu caminho. Finalmente, eu estava pronta para dizer: "Sinto muito. Desisto disso. Quero que você tome a decisão, Gene; quero a vontade de Deus; e é claro que posso fazer isso". Agora, aquilo era a vida de Cristo, certamente não a minha, sendo manifesta. Eu estava lendo *O grande divórcio*, de C. S. Lewis, um livro perfeito para a época. E um bom amigo disse a Gene e a mim: "Se você, Gene, está disposto a continuar em um péssimo trabalho, se for essa a vontade de Deus; e se você, Joan, está disposta a vagar pela face da terra como Abraão, pelo resto de sua vida, Deus mostrará claramente o que ele quer que vocês façam".

Sua afirmação de que alguém precisa estar disposto a partir sem estar certo de que vai voltar, deixando os resultados nas mãos de Deus, era o que eu precisava ouvir. Gálatas 2.19-20 é nossa passagem bíblica favorita ["Estou crucificado com Cristo; logo, já não sou eu quem vive, mas Cristo vive em mim; e esse viver que, agora, tenho na carne, vivo pela fé no Filho de Deus, que me amou e a si mesmo se entregou por mim"]. Todo esse assunto da permuta é o tema mais precioso para nós.

Isso é caridade. Vista em obediência do tipo "pé no chão", cotidiana, tangível, visível, prática e voluntária. Um amor sereno, mas duradouro — na verdade, eterno. Esse amor envolve bondade e respeito. O antiquado "leite da bondade humana"[31] e o respeito simples, cortês e humilde pelo outro como alguém criado à imagem de Deus.

Tente se lembrar da visão que você teve da pessoa amada ao "se apaixonar" por ela. Você não encontrava nele ou nela falha alguma. "Tu és toda formosa, querida minha, e em ti não há defeito" [Ct 4.7], disse Salomão à sua amada. É cegueira

---

31 N.T.: A expressão é tomada de William Shakespeare, *A tragédia de Macbeth*, trad. Rafael Raffaelli (Florianópolis: Editora da UFSC, 2016), 1.5, 47.

ver um pecador ou uma pecadora desse modo? Penso que é um dom especial de visão, o poder de enxergar uma pessoa, por um breve instante, como Deus a concebeu ao criá-la. Depois do casamento, você descobre que a pessoa é, de fato, pecadora, que tem defeitos dos quais você nunca suspeitou. Tente se lembrar, então, do que você contemplou naquela visão. Agradeça a Deus por isso e trate seu cônjuge com o tipo de respeito devido a alguém que, algum dia, manifestará gloriosamente a imagem de Deus.

Caridade é o amor de Deus. Não há outra maneira de controlar a paixão. Não há outro caminho para a pureza. E não há outro caminho, enfim, para a alegria.

"Permanecei no meu amor", disse Jesus aos discípulos, em um de seus últimos discursos. E ele disso isso muito claramente: "Se guardardes os meus mandamentos, permanecereis no meu amor; assim como também eu tenho guardado os mandamentos de meu Pai e no seu amor permaneço" (Jo 15.9-10).

# Um novo ato criador

## 43

"Já estraguei tudo", dirão alguns leitores. "O padrão é impossível. Não consigo começar a juntar os cacos agora, de jeito nenhum."

Acaso nossas transgressões nos desqualificam para a vida cristã? Pelo contrário. Jesus veio ao mundo especificamente por nós, que estragamos tudo, e não por aqueles que "não precisam de arrependimento". "[...] Mas ele foi traspassado pelas nossas transgressões" (Is 53.5).

Se a sexualidade aponta para o Noivo Celestial e para sua Noiva sem macha e sem mácula, como nós, que somos impuros e completamente maculados, podemos ter um novo começo? "Não vos enganeis: nem impuros, nem idólatras, nem adúlteros, nem efeminados, nem sodomitas, nem ladrões, nem avarentos, nem bêbados, nem maldizentes, nem roubadores herdarão o reino de Deus", escreveu Paulo aos cristãos coríntios. Parece que não há muita chance para nenhum de nós. Mas, então, ele diz: "Tais fostes alguns de vós; mas vós vos lavastes, mas fostes santificados, mas fostes justificados em o nome do Senhor Jesus Cristo e no Espírito do nosso Deus"

(1Co 6.9-11). E ele continua em sua carta seguinte e diz: "Pois o amor de Cristo nos constrange, julgando nós isto: um morreu por todos; logo, todos morreram. E ele morreu por todos, para que os que vivem não vivam mais para si mesmos, mas para aquele que por eles morreu e ressuscitou" (2Co 5.14-15).

Isso nos ensina que existe um ponto de partida. O que nós éramos e o que nós somos em Cristo são coisas nitidamente distintas. Pare de viver para si mesmo; comece a viver para Cristo. Agora. "Assim que, nós, daqui por diante, a ninguém conhecemos segundo a carne; e, se antes conhecemos Cristo segundo a carne, já agora não o conhecemos deste modo. E, assim, se alguém está em Cristo, é nova criatura; as coisas antigas já passaram; eis que se fizeram novas" (2Co 5.16-17).

Meu amigo Calvin Thielman, pastor em Montreat, Carolina do Norte, conta a história de um velho pregador escocês que notou uma jovem chorando enquanto ele servia o pão e o vinho da Ceia do Senhor. Ao lhe passar o pão, sinal visível do corpo do Senhor Jesus ("o pão que eu darei pela vida do mundo", disse ele), a garota desviou o rosto, que estava molhado de lágrimas.

"Pegue, moça", disse o velho homem. "É para pecadores."

**FIEL MINISTÉRIO**

O Ministério Fiel visa apoiar a igreja de Deus, fornecendo conteúdo fiel às Escrituras através de conferências, cursos teológicos, literatura, ministério Adote um Pastor e conteúdo online gratuito.

Disponibilizamos em nosso site centenas de recursos, como vídeos de pregações e conferências, artigos, e-books, audiolivros, blog e muito mais. Lá também é possível assinar nosso informativo e se tornar parte da comunidade Fiel, recebendo acesso a esses e outros materiais, além de promoções exclusivas.

Visite nosso site

**www.ministeriofiel.com.br**